Desirée de Fez

Reina del grito

BLACKIE BOOKS

BOB28

Diseño de colección y cubierta: Setanta
www.setanta.es
© de la ilustración de cubierta: Martine Johanna
© de la fotografía de la autora: Mahala Marcet

© del texto: Desirée de Fez, 2020
© de la edición: Blackie Books S.L.U.
Calle Església, 4-10
08024, Barcelona
www.blackiebooks.org
info@blackiebooks.org

Maquetación: David Anglès
Impresión: Liberdúplex
Impreso en España

Primera edición en esta colección: junio de 2024
ISBN: 978-84-10025-20-2
Depósito legal: B 7336-2024

Para Nico, Elliott y Carlo: toda mi colección.

A mi madre, a mi hermana Lola y a mi sobrina Julieta.

Índice

Prólogo

El miedo

—Nico, ponte el abrigo, que llegamos tarde a la guarde.

—No.

—¿Cómo que no? Venga, que Elliott ya está listo.

—Que no. Que me quiero quedar con los yayos.

—¿Con los yayos? Los yayos están en su casa, no pueden venir ahora. Además, tienes que ir a la guarde como todos los niños.

—No.

—¿Pero por qué?

—Porque *tengo muchísimo miedo.*

Recuerdo perfectamente que era lunes, la última semana de cole antes de las vacaciones de verano, y me quedé un buen rato clavada en la cocina, con la boca abierta, intentando asimilar lo que acababa de decirme mi hija de dos años.

Mi madre, mi hermana y yo. Todas las mujeres de mi familia somos fuertes, muy fuertes de hecho, pero tenemos mucho miedo. Puede parecer contradictorio, pero no lo es: hay que acabar de una vez por todas con esa idea. Una cosa no tiene nada que ver con la otra. Las tres tenemos más miedo de lo normal, más del que debería estar permitido. No hay una expli

5

cación lo bastante sólida y, si la hay, no somos conscientes: ninguna recuerda una situación lo suficientemente traumática que justifique la angustia con la que afrontamos el día a día. Incluso en vacaciones, incluso cuando todo parece estar bajo control y más o menos tranquilo. Cada una ha encontrado la manera de convivir con ese miedo, un miedo que, tanto si es lógico como absurdo, experimentamos con un exceso de intensidad. Nos puede dar el mismo miedo la oscuridad que la muerte, dormir solas y ver un fantasma.

Tenía tan asumido mi miedo que había dejado de pensar expresamente en él. Pero cuando mi hija de dos años, sentada en el suelo del pasillo, con una camiseta de *Frozen* y una galleta en la mano, me contestó como la protagonista de un *slasher*, vi claro que tenía que volver a darle una vuelta al tema. Si Nico había dicho «Tengo muchísimo miedo» sin motivo y con la misma naturalidad con la que hubiera podido decir «Tengo caca», solo podía ser por una razón: me lo había oído decir a mí mil veces, la mayoría de ellas como una muletilla en cuanto se me planteaba la más mínima dificultad.

Hicimos el trayecto al colegio como cada mañana, con prisas; yo empujando medio ahogada el carrito calle abajo y mis hijos —Nico sentada y Elliott, que entonces tenía cinco años, de pie apoyado en el respaldo— acabando de desayunar por el camino. Pero una vez los dejé en la guardería y en el colegio, me derrumbé. Por un lado, me sentía muy estúpida por no haber sabido controlar el lenguaje delante de ellos: «Tengo muchísimo miedo». ¿En qué estaría pensando? ¿Cómo había podido decir tantas veces y tan alegremente eso delante de mis hijos? Por otro, temía haberle contagiado a Nico el virus del miedo que compartimos su abuela, su tía y yo. Desde que nació mi primer hijo estoy obsesionada con romper todas las cadenas de miedo que arrastran tanto mi familia como la de Carlo, mi novio y el padre de mis hijos.

6

Durante los días que siguieron se me pasó el disgusto y me esforcé en dejar de clamar mis miedos a los cuatro vientos, al menos fuera de horario escolar. Pero no paré de pensar en lo que había sucedido, y eso me llevó a volver a preguntarme en serio cómo convivíamos cada una de nosotras con el miedo y qué herramientas usábamos para combatirlo. Hoy por hoy, aunque pueda sacar mis propias conclusiones, sigo sin saber muy bien cómo lo hacen mi madre y mi hermana. Las veces que he sacado el tema en la sobremesa ha sido un fracaso.

A las tres nos da miedo viajar solas. Cuando llegamos al destino se nos pasa, pero el día antes nos invade una angustia desproporcionada. Da igual si tenemos que hacer un vuelo con tres escalas a Toronto o coger un tren a Albacete, la noche antes es un sinvivir para nosotras. También nos aterra llegar a un hotel a solas de madrugada y que no esté el recepcionista: la posibilidad de que no funcione la llave de la habitación y nadie pueda atendernos nos horroriza. Y tenemos la costumbre de dejar ropa de calle justo al lado de la cama por miedo a que se declare un incendio mientras dormimos y tengamos que salir a la calle corriendo. Mi estrategia siempre es la misma. En esos encuentros familiares, primero recuerdo entre risas, como si fueran las simpáticas anécdotas que en realidad no son, los miedos más tontos y ridículos que tenemos en común, a menudo conectados con la superstición. Después intento tirar de ellos hasta llegar a los más complejos. Pero no hay manera. Mi hermana y mi madre desvían la conversación en cuanto advierten que me pongo más seria de lo normal. No sé si son menos conscientes que yo de ese miedo y mi solemnidad les da pereza, si no quieren hablar del tema o si les aterra dedicarle aún más tiempo. Podría perfectamente darles miedo hablar de sus miedos; para mí tiene todo el sentido. También es probable que, sin darme cuenta, sea yo la primera en recular, como si hubiera propuesto una sesión de güija y, tras convencer a las demás para

7

que participasen, gritara: «¡Esto no va! ¡Esto es un timo!», al notar un movimiento en el tablero.

Yo sigo teniendo miedo todo el tiempo. Y sigo cometiendo el error de decirlo a veces delante de mis hijos. Pero, de alguna manera, aquella anécdota con Nico supuso un punto de inflexión para mí. Dejé de obsesionarme con encontrar el origen de mis miedos para preguntarme cuáles eran exactamente y qué era lo que me ayudaba a gestionarlos, lo que me ayudaba a convivir con ellos. Me ayudan mi familia y mis amigos. Me ayuda la terapia. Pero lo que más me ayuda a manejarlos y, a veces, reducirlos son las películas de terror. Soy incapaz de recordar momentos importantes de mi vida sin que haya una película de terror de fondo o en primer plano. Es probable que ellas hayan contribuido a mi estado permanente de alarma y de pavor, pero tengo más cuestiones que agradecerles que cosas que recriminarles. Supongo que es la razón por la que, en cuanto pude, metí la cabeza en el entorno del cine de terror, un entorno que no tardé en descubrir que era muy masculino (aún más cuando yo empecé) y donde no siempre lo he tenido fácil.

Veo películas de miedo desde que era niña y llevo más de veinte años obsesionada con ellas como crítica, programadora y espectadora. Me han hecho sentir angustia y han alimentado mis temores. Pero también me han dado herramientas para enfrentarme a lo que me aterra. En ellas proyecto mis miedos, muchos de ellos estrictamente femeninos, en busca de alivio y de respuestas. Adoro el cine de terror por mil razones: su libertad, su intensidad, su inclinación a lo inesperado. Pero la principal es esa invitación a observar mis miedos desde fuera e interpretarlos. Eso me ha dado y me da una fuerza increíble. Porque se puede ser miedosa y, a la vez, fuerte.

I

La profecía

EL ORIGEN DEL MIEDO

«No veo películas de miedo porque me dan miedo.» Ésta es una de las cosas que más me dicen cuando explico que escribo sobre cine y estoy especializada en el género de terror. También es mi comentario favorito. Es mi favorito porque es tan ingenuo como razonable. Y porque yo también tengo miedo. Tengo mucho miedo. Tengo miedo todo el rato. Y también caigo a veces en la tentación de esquivarlo en vez de enfrentarme a él. Sé perfectamente lo que es sentir un miedo atroz y paralizador.

Soy muy miedosa y, por paradójico que suene, creo que ése es el motivo por el que amo las películas de terror. Las disfruto porque, aunque su efecto pueda prolongarse, el terror en ellas está controlado, no puede salirse de los márgenes de la pantalla. Y las adoro, sobre todo, porque ver (o creer ver) mis miedos representados en una película y observarlos desde la distancia me permite analizarlos y me ayuda a enfrentarme a ellos. Cuanto más años llevo viendo películas de terror, menos miedo me dan. Hay casos excepcionales, y sí experimento otras cosas, como angustia y ansiedad. Pero miedo, lo que se dice miedo, me cuesta más. Cuanto más conozco los resortes del género, menos efecto tiene sobre mí. Pero no siempre fue así. Y muchos de mis miedos, de los más simples a los más profundos, se los debo a

9

las películas de terror que vi (o intuí) de niña. Por eso no tengo ninguna duda de que el cine de terror me ha dado a la vez parte de mis miedos y las herramientas para combatirlos. Las *scream queens*, por ejemplo, las actrices que asociamos automáticamente al cine de terror, me han asustado y me han hecho más fuerte al mismo tiempo.

Adoro a las reinas del grito. Mi favorita es Jamie Lee Curtis, pero puedo recitar del tirón hasta cincuenta. Al principio pensaba que era por lo bien que gritan, algo que yo también hago a menudo pero bastante peor. Y porque incluso así, con los ojos apretados y la boca desencajada, están guapas y dignas. Pero, desde que soy *freelance* en el sector cultural y madre de dos niños, he descubierto la verdadera razón de mi fascinación: las envidio por su capacidad de frenar la acción en medio del caos, hacer que la atención se concentre en ellas y obligar a los culpables de su desesperación o de su miedo a que las escuchen. Es una de las concesiones, muy probablemente involuntarias, que el cine de terror ha hecho con respecto a los personajes femeninos: «Vas a pasarlo mal, pero, si sobrevives, puedes desahogarte». Pagaría para que, cada vez que no puedo abrocharme el botón del pantalón, me da plantón la canguro o pierdo la mañana reclamando el cobro de una factura de veinte euros, todo se detuviera, la cámara me enfocara y pudiera gritarle al mundo mi enfado y mis miedos como si me fuera la vida en ello. Porque me va la vida en ello. Pero lo normal es que nadie —o casi nadie— me haga caso. Ante el apocalipsis físico, doméstico o laboral suelo estar más cerca de Emily Blunt en *Un lugar tranquilo* (2018), la antirreina del grito, perdida en una película en la que la única manera de sobrevivir es callar y no hacer ruido, que de la protagonista de *La noche de Halloween* (1978). Aun así, cuando se tuercen las cosas, me alivia pensar en Jamie Lee, Isabelle Adjani y Sissy Spacek, mis tres ángeles de la guarda. Su imagen congelada, gritando sus miedos y preocupaciones con

10

orgullo, hace que los míos se difuminen y pierdan fuerza al menos durante un rato.

No hace mucho, hablando con una amiga sobre las cosas que les dan miedo a nuestros hijos, empecé a pensar en las que me habían aterrorizado a mí de pequeña. Tengo algunas en común con Elliott y Nico, como la cabalgata de los Reyes Magos y la gente muy mal disfrazada, pero me vinieron a la cabeza tres episodios concretos. Uno está conectado con el cine de manera natural. Los otros dos los he relacionado yo *a posteriori* y quizá de una forma un tanto caprichosa. Empiezo por los últimos. Creo que el origen de mi miedo a los fantasmas —y de mi debilidad por las películas que tratan sobre ellos— está en una conversación que escuché por ser cotilla en la frutería cuando era niña. Una vecina que me llamaba mucho la atención, una mujer de unos sesenta años (o así la recuerdo) que siempre llevaba los labios pintados de rojo, el pelo cardado y las manos llenas de anillos, le explicó a la dependienta que protegía su casa de los malos espíritus con un ambientador Heno de Pravia. Cada vez que veo el final de *Insidious* (2010), con los fantasmas pintados como puertas, me acuerdo de aquella mujer y se me pone la piel de gallina. Y hace poco caí en la cuenta de que quizá sea también la razón de que en casa siempre tengamos, sin que se sepa muy bien quién lo ha comprado, un espray sin estrenar de esa fragancia.

El otro episodio es tan delirante que me da vergüenza contarlo, pero con los años he dejado de recordarlo como una de las anécdotas más ridículas de mi vida (aunque lo es) para plantearme que igual se encuentra ahí la génesis de mi rechazo frontal hacia el cine de terror sobre violencia sexual. Son, sin duda, las películas que más me cuestan. En los bajos del edificio de L'Hospitalet donde vivían mis abuelos paternos, había un taller de reparación de coches. Una tarde acompañé a mi padre a recoger el suyo y me quedé petrificada frente a una de las paredes. Rodeado de carteles descoloridos de mujeres desnudas había un calendario con una foto que me horrorizó. Eran unos genitales masculinos disfrazados de detective, con gafas y un puro. Al pánico por el recuerdo de esa imagen, que pretendía ser graciosa pero a mí me dejó traumatizada, se sumó la ansiedad de no saber cómo contarle a mi madre (a mi padre, por supuesto, ni lo intenté) qué era lo que había visto que me había dado tanto miedo. Era pequeña pero no tonta, y sospechaba que mi revelación iba a ser —con razón— motivo de guasa. Así que me lo quedé dentro y pasé semanas entre aterrada y avergonzada por el recuerdo de aquel engendro. Sobre todo aterrada. Supongo que mi miedo fue una simple reacción a algo grotesco que no me esperaba, pero de adulta rememoro ese episodio como una desafortunada primera toma de contacto con una versión horrible de la masculinidad. No me merecía ver algo tan repulsivo con seis años, pero también es verdad que no era un sitio al que solieran ir los niños.

Pero el recuerdo en el que veo con más claridad mi flirteo consciente con el miedo y, al mismo tiempo, con el cine de terror tiene que ver con un reproductor de vídeo.

Cuando alguien nos pregunta por la película que más miedo nos ha dado nunca, casi todos respondemos aquella que nos aterrorizó de niños. Estoy segura de que, al hacerlo, no revivimos el miedo que nos dio, sino el absoluto pavor que nos provocó imaginar lo que había dentro de la película antes incluso de verla. Yo evoco lo que sentí cuando mi madre le contó enterita a mi tía Melu por teléfono *La noche de los muertos vivientes* (1968). Siempre ha sido la mejor recreando verbalmente las películas que le impresionan o le gustan, pero ese día se superó en los detalles. O recuerdo cuando me clavé un pendiente en la carne tras tirarme la hora y media que dura *Pesadilla en Elm Street* (1984), la película que estaban viendo mis padres en el comedor, acostada en la cama y tapándome los oídos con una fuerza inaudita. O revivo lo que me sugerían las carátulas de las películas de miedo del videoclub, que en mi barrio estaban casi siempre pilladas. Las hileras dedicadas al terror y a las artes marciales eran, con diferencia, las que siempre tenían menos tarjetones blancos, las codiciadas cartulinas que indicaban que estaban disponibles y podías llevártelas. Pero sobre todo pienso en el día en que el VHS de *La profecía* (1976) se quedó atascado en el vídeo de casa.

—Desirée, saca la película que hay que devolverla. Cuando vengamos del mercado, la llevamos —me gritó mi madre desde la cocina.

Yo debía de tener unos nueve años y me acuerdo perfectamente de que eran las vacaciones de Navidad.

—¿Mama, la rebobino? —chillé desde el salón.

En casa de mis padres siempre se hablaba a gritos de habitación a habitación, una tradición que me he esforzado en importar sin éxito a todos los hogares que he tenido.

—Sí, rebobínala.

—Ay, mama, hace un ruido raro. Creo que se ha quedado enganchada. —Mi madre corrió al salón, visiblemente agobiada.

—Madre mía, espero que no se haya roto. Como se haya roto me da algo. Es de las que más pide la gente. ¡Hay incluso lista de espera! Y me contó el Angelito que, si las rompes, las tienes que pagar —me dijo mirándome a los ojos con la voz temblorosa.

Yo recordaba perfectamente el comentario de mi primo, que había contribuido sin querer, por pura arrogancia juvenil, a alimentar la leyenda urbana de que esas cintas costaban quinientas mil pesetas. El Angelito, mi primo favorito, cinco años mayor que yo y la persona que hizo que me picara el gusanillo del cine.

Los mitos sobre el videoclub eran una maravilla. Como lo eran sus rituales, entre los que destacaba el hilarante ceremonial para alquilar porno. La intención: proteger al vecino que quería llevarse una película X haciendo que entrara en un cuarto detrás del mostrador. El resultado: que todo el videoclub se enterara de quién era el guarro que se colaba en la cámara secreta y se iba a su casa con una película pornográfica bajo el brazo.

—¿Qué película se ha quedado atascada? —le pregunté a mi madre, que había desistido de encender y apagar el vídeo y tocar botones de forma totalmente arbitraria.

—*La profecía.*

—¡¿Qué?! ¡Mama! ¿La de los padres mirando al niño con mucho miedo? ¿Con la sombra de un perro? ¡¿Por qué no me lo habías dicho?! ¡¿Por qué no me habías dicho que la habías cogido?! ¡¿Y que estaba dentro del vídeo?! —le grité echándome las manos a la cabeza—. ¡Mama! ¡Que está dentro del vídeo! ¡Sácala! ¡Que me da mucho miedo! —Corrí hacia el sofá y me tumbé boca abajo hundiendo la cabeza entre los cojines.

—¿Pero qué te da miedo? ¿Una cinta? Hija, de verdad.

Pese a mi ataque de histeria infantil, mi madre no me hizo mucho caso. Bastante tenía con pensar en cómo explicarle al dueño del videoclub que nuestro aparato se había tragado una de las películas que le daban más dinero... ¡y que costaba quinientas mil pesetas! Por suerte, el Angelito tenía un amigo que sabía arreglar vídeos y que se comprometió a sacar la película «de gratis» cuando volviera de esquiar de La Molina. No se lo contamos a mi padre porque ¿para qué? Desconectamos el teléfono de la pared por si llamaban del videoclub para reclamarla (no lo hicieron, pero nos cobraron un recargo antológico cuando la llevamos). Y, mientras el amigo de mi primo esquiaba, yo pasé un fin de semana largo absolutamente aterrorizada.

No podía soportar la idea de estar en la misma habitación que *La profecía*. Si hubiera sido solo un día, me las habría ingeniado para no tener que dar explicaciones de por qué no quería salir al comedor. Pero como iban a ser tres, preferí ir con la verdad por delante.

—Mama, hasta que no saquemos la película del vídeo, no voy a salir al comedor.

—¿Ah, no? ¿Y qué vas a hacer todo el día?

—Quedarme en la habitación. Leyendo.

—Desirée, de verdad, ¿qué tonterías son ésas? ¡Pero no ves que es un cinta de plástico! ¿Qué quieres que te haga una cinta de plástico?

Es evidente que, siendo tan miedosa como yo, mi madre no hubiera pensado lo mismo si *The Ring (El círculo)* (1998), la famosa película japonesa sobre una cinta de VHS que causa la muerte de quien la ve, ya hubiera existido por entonces. Pero no era el caso, y mi pavor a un trozo de plástico le parecía todo lo ridículo que en realidad era.

—Hija, de verdad, haces cosas rarísimas. Además, esa película no da nada de miedo. Casi la quito a la mitad porque no daba miedo —me contestó—. Fíjate que tu padre se acostó antes de que acabara porque le estaba pareciendo un rollo.

Lo segundo era verdad, lo primero era evidente que acababa de inventárselo.

—Sí, claro.

Estuve tres días comiendo de pie en la cocina, en la que no teníamos ni mesa ni sillas, cenando bikinis en mi cuarto y comunicándome con mis padres y mi hermana de dos años desde el quicio de la puerta. Durante el día lo llevaba bien. Aburrida, pero bien. Pero las noches eran otra historia.

—Mama, ¿puedo dormir con vosotros? —desperté a mi madre a las tres de la madrugada.

—Pues no. ¿No ves que ya eres más grande que tu padre? —me contestó medio en sueños.

—Por favor, que he visto una luz en el comedor. Y sombras. Y he oído un ruido rarísimo. Creo que era un perro.

—Anda y calla. Era la puerta del ascensor. A la cama.

—Porfa.

—¡Que a la cama! —me dijo susurrando a gritos—. Y calla que vas a despertar a tu hermana y me ha costado mucho dormirla.

Atravesé el pasillo hacia mi habitación muerta de miedo y sintiendo en la espalda una vibración extraña. *La profecía* me llamaba desde la otra punta del piso, pero yo era la antítesis de la niña de *Poltergeist (Fenómenos extraños)* (1982). Si ella acudía sin rechistar al reclamo del televisor y se arrodillaba delante hipnotizada, yo era incapaz de caminar hacia el salón. *La profecía*, la película con la carátula que más miedo me daba de todo el videoclub, estaba dentro del reproductor VHS de mi casa, y yo sabía que si estaba cerca del aparato o lo miraba por error, caería sobre mí una maldición y me atropellaría un coche.

Vi la primera película que me dio miedo años después de que me diera miedo. Y esa primera vez real no me dio tanto miedo como la falsa primera vez. No fue así las siguientes veces, en las que, por otras razones, sentí un miedo tan intenso con *La profecía* como el que experimenté al irme a la cama sabiendo que la cinta dormía plácidamente en mi salón. La película de Richard Donner tiene ese efecto sobre mí, y me encanta. Da igual las veces que la vea, siempre reactiva esos terrores infantiles. En su momento lo viví como un drama. De hecho, tardé varias semanas en poner una cinta mía en el reproductor por si la maldición de *La profecía* seguía dentro; esperé a que las películas de mis padres acabaran de arrastrar los restos del virus del mal que —asumía— se habían quedado enganchados al aparato. Pero hoy me alegra que fuera esa película y no otra. Me alegra por el título. Es como si el reproductor de vídeo de casa de mis padres hubiera elegido ese título por intuición, profetizando que acabaría amando las películas que entonces me asustaban. Y me alegra porque es una película en la que se concentran muchos de los miedos con los que convivo a diario: a fracasar como madre, a perder la integridad psicológica y emocional, a la pérdida, a no entender nada. Son esos algunos de los miedos que persigo insistentemente en el cine de terror en busca de mi reflejo, de alivio y de respuestas.

2

Carrie

Miedo a la sangre

Entré en el instituto pensando que sería como *Carrie* (1976) y sobreviví a esos años obsesionada con *La noche de Halloween* (1978). Ni mis temores ni mis anhelos se cumplieron del todo, pero, sin ser yo demasiado consciente entonces, ambas películas me inocularon el miedo y, a la vez, ciertas defensas para resistirlo. Me hubiera encantado ser preadolescente una década después, porque seguro que habría caído en mis manos *Ginger Snaps* (2000), una película maravillosa que relaciona menstruación y licantropía, y en la que la protagonista, una adolescente de los suburbios que está obsesionada con la muerte, se convierte en una mujer lobo cuando le viene la regla.

No me habría ido nada mal tener a Ginger (Katharine Isabelle) como imagen de esa nueva etapa, de mis cambios físicos y de mis nuevos apetitos. Pero me consuela pensar que algunas chicas que nacieron después que yo hayan tenido como modelo de conducta a esa adolescente segura y hambrienta que planta cara (a mordiscos) a lo que le disgusta. A Ginger o a Justine (Garance Marillier), la protagonista de *Crudo* (2016), una estudiante universitaria de veterinaria que canaliza su sensación de extrañeza y sus deseos renovados, en este caso asociados a un cambio de etapa posterior, en hambre de carne humana. La segunda película está escrita y dirigida por Julia Ducournau, y el guion de *Ginger Snaps* lo firman a medias John Fawcett, el director, y la guionista Karen Walton. Es una de tantas pruebas de que, por tratarse de algo tan simple como que son asuntos exclusivamente nuestros, temas como la menstruación y el deseo femenino brillan en manos de las cineastas.

Pero la realidad es que por aquel entonces era huérfana de ese tipo de referentes. El primer día que cogí el autobús para ir al instituto, que en realidad no era un instituto, sino el Nazaret, un colegio de monjas donde todos los alumnos se conocían y yo no conocía a nadie, me vinieron a la cabeza una adolescente y una representación de la adolescencia muy distintas: Carrie (Sissy Spacek), cubierta de sangre de cerdo, en el baile de graduación. Sabía que *Carrie* no se ajustaba del todo a la realidad por mi experiencia en el colegio de mi barrio donde hice EGB, sobre todo por un episodio muy concreto que viví el día que empecé a dejar atrás (conscientemente) la infancia. Esa sabiduría, sin embargo, no evitó que el primer día de instituto vomitara lo poco que había logrado desayunar nada más bajar del bus.

La escena del baile de *Carrie* que me arrolló en el autobús no es la única que me lleva a un momento importante de mi infancia o de mi adolescencia. Un par de años atrás, la mañana que me vino la regla, me asaltó la escena de las duchas. En ella, una de las viñetas más crueles jamás rodadas, Carrie, una adolescente inadaptada y asfixiada por una madre fanática religiosa, se ducha en el gimnasio del instituto. La escena —medio irreal, envuelta en el vapor del agua y poco sutil en las metáforas— se desestabiliza cuando la protagonista empieza a sangrar entre las piernas y se dirige asustada hacia sus compañeras, que la arrinconan con crueldad y empiezan a lanzarle compresas y tampones. Yo tenía doce años y hacía muy poco que había visto por error la película de Brian De Palma. Obviamente, me había dejado traumatizada. Era una de las cintas de grabar con la pegatina NO TOCAR que había en el mueble bar de casa, detrás de las botellas de Baileys y de licor de manzana. ¿Cómo no iba a caer en la tentación de aprovechar un descuido de mi madre y meterla en el reproductor?

La mañana que me bajó la regla tuve que luchar contra varias cosas. Una, por supuesto, el recuerdo de la escena de las duchas. Otra, la negativa de mi madre a dejarme ir a clase por si me daba una bajada de tensión, algo que no podía entender porque me encontraba perfectamente y que tampoco podía aceptar porque prefería enfrentarme a las cosas cuanto antes. Si, para variar, abrazaba la menstruación con miedo, volvería a estar perdida. La última cosa con la que tuve que lidiar fue el empeño de mi madre en que me pusiera, «para ir cómoda», el chándal que me había comprado hacía unos días y que yo no quería ponerme bajo ninguna circunstancia. Era de táctel, un tejido que se puso de moda en los ochenta y destrozó estéticamente a toda una generación, y de un fucsia que hacía daño a la vista. Desde el momento en que lo vi, supe que no era buena idea llevarlo para ir al colegio, pero ese día era incapaz de darle otro disgusto a mi madre y me lo puse.

Crecí en San Ildefonso, en Cornellà, un barrio del extrarradio de Barcelona que durante años fue conocido como la Ciudad Satélite. Me encantaba cuando mis padres o algún vecino seguían llamándolo así. El nombre hacía referencia a sus orígenes de barriada a las afueras, de ciudad dormitorio, pero a mí me gustaba porque me sugería un lugar imaginario, un escenario de ciencia ficción. Ahora veo que el apego a ese nombre era, de alguna manera, una forma ingenua pero hermosa de evadirme de la cantidad de adversidades que la buena gente de San Ildefonso tuvo que atravesar aquellos años, sobre todo cuando la heroína azotó el barrio. Vivíamos en una manzana de edificios altísimos, y el colegio estaba justo enfrente. Por las mañanas, además de la entrada principal, abrían una pequeña puerta trasera que daba al patio. No le di importancia al esfuerzo que hacía el personal de la escuela para habilitar cada día ese doble acceso hasta que de adulta comprendí que lo hacían para que los niños que bajaban solos a la escuela porque sus padres madrugaban para ir a trabajar no tuvieran que dar toda la vuelta hasta el colegio sin la compañía de un adulto.

Esa mañana me planté en la puerta de atrás de la escuela con mi chándal rosa histeria. Con el chándal, la mochila y, por sugerencia de la vecina de enfrente, dos compresas enlazadas para que no se me manchara el pantalón. Tardaría muchos años en prescindir de ese consejo, que en cualquier caso siempre será mejor idea que las compresas con alas. Para llegar a las aulas había que cruzar el patio entero. El día en cuestión no hizo falta que avanzara demasiado, apenas había atravesado la puerta trasera cuando las vi y, peor aún, cuando las escuché. Ahí estaban, plantadas debajo del arco del vestíbulo y vestidas prácticamente igual, mis compañeras de clase Carol y Lydia. Líderes natas desde parvulario, me señalaban muertas de risa.

—¿De dónde has sacado ese chándal? ¡Es horrible! —me preguntó Carol en cuanto llegué.

Lógicamente, Lydia y ella no habían sido las únicas en verme a veinte metros de distancia. No las culpo: con ese chándal podrían haberme avistado desde un avión. Se cumplía mi fantasía de ser el centro de todas las miradas, pero hubiera preferido que fuera por otras razones. Infravaloré el impacto del chándal. En mi cabeza era un poco cantón, en el colegio era una invitación entusiasta a la humillación.

—Me ha venido la regla —le dije a Carol al oído, vigilando para que no lo oyera nadie más.

—¡Es que es feísimo!

—¿A ti te dolió? A mí no —insistí.

—¿No había de otro color? Lo bueno es que así no te pierdes. ¡Podemos saber todo el rato dónde estás! —añadió Carol mientras Lydia le reía las gracias y otros compañeros se apresuraban a rodearme dispuestos a unirse a la guasa.

Nada que ver con la escena de las duchas de *Carrie*. Bueno, sí, también me habían medio acorralado y humillado. Pero mi menstruación había sido eclipsada por mi estilismo. La película de Brian De Palma me había provocado un miedo atroz a la regla, al que habían contribuido las caras de circunstancias de mi madre y mi vecina. Pero la realidad me había demostrado que no era para tanto, que si un chándal fucsia podía robarle el protagonismo, era porque, en realidad, se trataba de algo completamente normal. Aunque fuera por contraste, siempre le agradeceré a *Carrie* que me hiciera naturalizar la regla desde el primer día, despojándola de tópicos y tabúes. Otra cosa que comprobé años después es que, aún creyentes y practicantes de algunos clichés sobre la menstruación, mi madre y mi vecina no estaban descompuestas por temor a la sangre, sino porque sabían que para mí se acababa de abrir la puerta a un mundo que iba a ser cada vez más complicado.

Yo ahí no tenía ni idea. No sabía la cantidad de cambios, dudas y miedos nuevos que me esperaban. Pero la preocupación silenciosa de las mujeres adultas que me rodeaban, algo que no sabía muy bien cómo interpretar, me estrujó el estómago. Ni mi madre ni mi vecina se sentaron a contarme el porqué de sus caras compungidas ni yo me atreví a preguntarles qué pasaba, qué me estaba perdiendo, qué tenía que hacer. Ellas eran más de advertir que de explicar, y no las culpo. Al contrario. Aunque con mis hijos me esfuerce en lo segundo para evitar crear un clima de temor, no puedo estarles más agradecida porque lo hicieron lo mejor que supieron. Pero yo entré en la adolescencia un poco desconfiada, con la sospecha de que había cosas al acecho que nadie me había querido contar.

La película de De Palma se coló en mi infancia y en mi adolescencia con una fuerza extraordinaria. Fui una niña obesa, con lo que, cuando puse *Carrie* en el reproductor, ya estaba familiarizada con la humillación. Pero verla fue para mí tremendamente revelador. Aunque los paralelismos entre nuestras vidas eran escasos, me identifiqué con la fragilidad y la desconfianza de la protagonista. De ahí el miedo a ir al colegio —¡incluso armada con mis dos compresas!— al que hice frente el día que me vino la regla, de ahí las náuseas el primer día de instituto, de ahí que años después me imaginara a Nico en su fiesta de despedida de la guardería vestida como Sissy Spacek en el final de *Carrie*. Pero, sobre todo, arrojó luz sobre mi ingenua pubertad. Me permitió ver con distancia y analizar cómo funcionaban las cosas en el colegio y en el instituto. Ni todos estábamos en la misma posición, ni eran sitios del todo seguros, ni era posible salir viva de ellos sin un mínimo de estrategia. Creo que ya intuí entonces algo que confirmo cada vez que voy a buscar a mis hijos a la escuela: que es una representación a escala y superfiel de la sociedad. Muy mal o muy bien lo tienen que hacer en la vida los niños para no llegar a adultos con el rol que ya adoptan o que se les atribuye en educación infantil. Pero, sobre todo, *Carrie* me facilitó un manual de supervivencia que utilicé los años que me quedaban de colegio y que exprimí en el instituto. En realidad, todo se resumía en tres cosas: disimula el miedo, no bajes la guardia y, salvo si te enteras de que son asesinas en serie, júntate con las compañeras de clase que tengan el control.

Dicho esto, aun con la lección aprendida, en el trayecto en bus hacia el instituto me imaginé en el escenario con el vestido rosa, la corona de reina y un ramo de flores en los brazos, y vi claramente a cámara lenta cómo me caía el cubo de sangre de cerdo encima.

Las nuevas generaciones crecen entendiendo la importancia de la amistad entre chicas, lo necesario que es hacer piña y frente común. Lo veo cuando hablo con las hijas adolescentes de mis amigas. Y es fundamental seguir informando y educando en esa dirección. El cine de terror, receptivo al latir de los tiempos, ha empezado a abrazar esta idea de forma consciente. Tiene que ponerle aún un poco de entusiasmo al tema, pero ya hay películas que la incorporan. Un ejemplo es *Nación salvaje* (2018), un filme que acierta y se equivoca sucesivamente, que no acaba de gestionar bien su enfado, pero al que es imposible negar la contundencia con la que ensalza la amistad entre las cuatro chicas protagonistas. Yo, la verdad, mentiría si contara que llegué a la pubertad con esa imagen mental de la amistad. Ojalá hubiera sido así, pero el día que pisé por primera vez el instituto, mi visión de las relaciones entre compañeras seguía estando más cerca de *Carrie* que de *Nación salvaje*.

Por eso mi obsesión inicial fue disimular a toda costa el miedo a que vieran algo en mí —o me sucediera alguna cosa— que me señalara de inicio, que me colocara en la mesa de los perdedores. No se me podía notar el miedo a no encajar, un miedo que aún no he logrado superar: me puede arrollar por igual en un evento profesional, en una barbacoa y en una reunión del colegio de mis hijos. Después de vomitar al bajar del bus, entré por la puerta del Nazaret con el plan de seducir a las ganadoras, algo que había activado con resultados óptimos el último año de colegio. Sin embargo, acostumbrada a la duda y a la contradicción, propensa a ponerme trabas a mí misma, sumé una capa de complejidad a mi misión. Aunque pudiera, cosa que no estaba tan clara, tenía que evitar a toda costa convertirme del todo en una de ellas. No porque creyera que ser intocable en el instituto supusiera obligatoriamente ser insoportable o mala persona. Era porque había visto demasiados *slashers*... y ya sabemos quién suele morir antes en esas películas.

3

La noche de Halloween

Miedo a no ser aceptada

El *slasher* es un subgénero de películas de terror en las que, aunque pueda haber tímidas variaciones, un psicópata (normalmente de identidad desconocida) asesina, uno tras otro, a un grupo de adolescentes. Al menos en mi cabeza, casi todas las víctimas de esas películas eran chicos y chicas carismáticos, populares y algo promiscuos. Así que entré en el instituto caminando por la cuerda floja. Por un lado, mi objetivo era ganarme a las populares para no acabar como Carrie: incendiar un polideportivo con mis compañeros, mi interés romántico y mis profesores dentro no entraba en mis planes. Pero, por otro (y en caso de que eso fuese una opción), debía evitar convertirme por completo en una de ellas para que no me sucediera lo mismo que a los adolescentes de las películas *slasher*. Ahí está el origen de uno de los conflictos con los que aún convivo: una necesidad constante de aprobación, de gustar a los demás (con la consecuente frustración cuando eso no sucede) y, al mismo tiempo, el miedo a la posibilidad de trascender mínimamente, porque destacar suele traer consigo tantas alegrías como disgustos. Igual más disgustos que alegrías.

Pasé los veranos de mi infancia y de mi adolescencia en San Ildefonso. Mis padres no tenían ni pueblo al que llevarnos ni, por supuesto, un apartamento en la playa. Pero nunca lo viví mal, supongo que porque en mi barrio era difícil aburrirse. Siempre era un hervidero, no se vaciaba ni en agosto. Recuerdo los parques infantiles llenos de niños, los comercios abiertos y el olor a fritanga en las terrazas. Y recuerdo pasar horas y horas delante del televisor sin percibir que mis padres se sintieran culpables por ello, algo de lo que solo puedo estarles agradecida. No hace mucho, hablando con unos compañeros del entorno del cine de terror, comprobamos que, pese a conocernos desde hace años, nunca habíamos compartido de dónde venía nuestra fascinación por el género. Para unos estaba en los cómics que habían leído de pequeños; para otros, en los libros no adecuados (o sí) para su edad que cayeron en sus manos cuando eran niños. Para mí está, sin duda, en aquellos veranos en la Ciudad Satélite, en las películas que vi en los dos cines que tenía cerca de casa, el Avenida y el Pisa, ya desaparecidos; en la tele y en los VHS que alquilé nerviosamente, mordiéndome los labios, en el videoclub. Al principio no me dio solo por el terror: pocos reproductores de vídeo rebobinaron tantas veces la escena del baile final de *Dirty Dancing* (1987) como el de casa de mis padres. Pero tanto en los ochenta como a principios de los noventa era difícil esquivarlo porque era un género que se colaba con más facilidad que ahora por las rendijas de las películas para toda la familia. A la que fueras un poco sensible a él, te agarraba del brazo y no te soltaba. Por otro lado, mi miedo infantil e irracional a la carátula de *La profecía* se dio poco a poco la vuelta hasta convertirse en una atracción irrefrenable por las portadas más inquietantes. La única que se me resistió fue la de *Street Trash* (1987), en la que aparecían unas piernas cortadas, con los huesos astillados a la vista, y calzadas con botas militares. No me atreví a ver esa película hasta la universidad, animada por un medio

28

novio al que le hacía muchísima gracia esa historia. Fue un bajón: no era ni la mitad de terrorífica que en mi cabeza.

Mi intuición frente a la inmensidad de las paredes del videoclub, con sus caóticas hileras disparándose hacia el techo, y mi primo Angelito hicieron que *La noche de Halloween* (1978), *Pesadilla en Elm Street* (1984) y otros *slashers* menores cayeran en mis manos ese verano antes de comenzar el instituto. Y, como no podía ser de otra manera, se convirtieron en el alimento perfecto de mis nuevos miedos, a la vez que hicieron que los que llevaba de serie pasaran al siguiente nivel. Mis miedos a no encajar en un sitio nuevo, a hacer nuevas amigas, a los chicos, al sexo y a mis propias hormonas se dispararon.

El escenario de esas películas no podía resultarme más extraño. San Ildefonso, con sus edificios inmensos y donde vivíamos en un decimosegundo, no tenía nada que ver con el barrio residencial de casitas bajas y con jardín de *La noche de Halloween*. Solo en mi bloque de pisos éramos veintisiete familias, todas con una media de dos hijos de las mismas edades que mi hermana y yo, por lo que las posibilidades de que Freddy Krueger me eligiera a mí eran prácticamente nulas. Era bastante más probable que saliera huyendo por el estrés de tener que escoger a alguien que la opción de que atacara. Y lo más parecido que había visto al campamento Crystal Lake de *Viernes 13* (1980) era el Filipinas, un camping a las afueras de Barcelona al que habíamos ido un par de veranos y donde me dejaron muy claro que era demasiado mayor para integrarme. Gordita, insegura y empollona, tampoco tenía mucho que ver con las chicas de los *slashers*: ni haciendo grandes esfuerzos hubiera encontrado en mí una sombra de su energía, su gracia y su atractivo. Además, después de una carrera como las que se pegaban ellas delante del asesino, hubiera muerto antes ahogada que acuchillada.

Sin embargo, nada impidió que me proyectara en esas películas: había en ellas demasiadas invitaciones a pasarlo mal como para dejarlas escapar.

Si en el bus había pensado en *Carrie*, tal y como entré por la puerta del instituto se desplegó ante mí el escenario de un *slasher*... de un *slasher* del que tenía que salir viva. Ese día consolidé también mi historia de amor con Jamie Lee Curtis: pasara lo que pasara, mi modelo debía ser siempre ella, la protagonista de *La noche de Halloween*, la chica final, la última superviviente. El recorrido que la directora del colegio y la recepcionista nos hicieron por las instalaciones del centro a los cuatro alumnos nuevos, tres chicas y un chico, me confirmó el potencial de ese lugar para el terror: la cocina, que totalmente vacía tenía algo de morgue; el laboratorio; el gimnasio de baldosas blancas, ¡las duchas del gimnasio de baldosas blancas! ¡Las duchas del gimnasio de baldosas blancas, como el de *Carrie*! Temblaba por dentro y por fuera. Podía visualizar en todos esos sitios tanto a Michael Myers, el asesino de *Halloween*, con un cuchillo como a una chica —ligera de ropa— corriendo en círculos y chillando entre los fogones, las probetas, el potro, las colchonetas y el plinto.

Tras la visita guiada por las futuras escenas del crimen, casi que agradecí entrar por fin en la clase que me había tocado, donde me senté en la última fila. El aula era diáfana y luminosa, lo que reducía de manera notable la sensación de peligro, y no éramos muchos alumnos. Respiré, observé y me sentí observada. Y, cuando nos mandaron al patio, hice lo que llevaba planeando desde que llegué: encerrarme en el lavabo. No era exactamente por miedo a empezar a hacer amigos, que también, sino porque tenía algo importante que hacer. No iba a levantarme del váter sin un esquema con el orden en el que

30

creía que serían asesinados mis nuevos compañeros de clase si les tocara vivir en un *slasher*, si un psicópata se colara en el recinto. Eso me indicaría con quién me convenía relacionarme y de quién debía alejarme. Acordé que primero caerían las dos chicas que se habían reído de mí cuando la tutora hizo que los nuevos saliéramos a la pizarra para presentarnos. Eran demasiado guapas y demasiado pavas para sobrevivir al primer acto. Después le llegaría el turno al chaval que lo sabía todo, el que levantaba la mano incluso antes de que la profesora acabara de formular su pregunta: estaba pidiendo a gritos que lo mataran. Y la penúltima, porque la última iba a ser yo, sería la chica de la camiseta de Guns N' Roses. En realidad no me había dado tiempo a intuir qué tipo de persona era esta última, que también era una de las alumnas nuevas, pero solo por el hecho de tener buen gusto pensé que merecía llegar hasta el final. Ese croquis, que escondí como pude cuando una monja me obligó a salir del lavabo, tenía que ayudarme a decidir lo antes posible con quién debía relacionarme si quería sobrevivir al instituto.

Corte a: mi fiesta de graduación, el reverso amable (y anodino) de la *prom party* de *Carrie*. Sin sangre y sin llamas, pero también sin reina, sin purpurina y sin un análogo de John Travolta meneándose en la pista. Esa vez, las películas de terror me habían preparado para algo que no iba a suceder. Durante los cuatro años que duró la etapa del instituto experimenté varios dramas, por supuesto, y no dejé una sola mañana los miedos olvidados en casa. Pero ni la película de Brian De Palma ni *La noche de Halloween* son exactamente una metáfora de mi paso por el instituto. Sobre todo porque, por mucho que me entrenara para creérmelo y sentir que estaba en la misma onda que mis amigas desde parvulario, el Nazaret no era un instituto. Ellas se habían matriculado en el instituto de *El rector* (1987), donde tenían de

31

profesor a Jim Belushi y los alumnos fumaban crack en el patio, y yo iba a un colegio de monjas de Esplugues en el que nos tenían superprotegidos y no había margen ni para la perversión ni para el conflicto. Sé que el tópico asegura lo contrario, e igual en el fondo hubiera preferido que así fuera (al menos un poco), pero mentiría si dijera que cuando las monjas se daban la vuelta aquello era Sodoma y Gomorra.

Cabe la posibilidad, eso sí, de que mi aterrizaje en el nuevo colegio hubiera sido diferente, que hubiera pasado más miedo, si en vez de inflarme a *slashers* esas vacaciones hubiera visto por fin *La profecía* o hubiera caído en mis manos *El exorcista* (1973). Eso, sin duda, habría amplificado y sofisticado mis temores. Pero no fue así, ambas películas las vi más adelante. Ese verano, mi primo, que había estudiado en el centro en el que yo estaba a punto de entrar, frenó todos mis intentos de alquilar la película de William Friedkin.

—Ángel, ¿y si nos llevamos *El exorcista*?

—Ya la he visto.

—Ya, pero yo no.

—Me da pereza verla otra vez, la he visto mil veces. Además, está pillada.

—¡No puede ser! ¡Cuando hemos llegado tenía la tarjeta! ¡Te lo juro! Siempre pasa igual, es como si desapareciera después de que entremos —dije levantando la voz y moviendo airadamente los brazos para que me escuchara el dueño del videoclub.

—No sé, Desirée, será casualidad.

—Que no, Ángel. Que te juro que estaba.

Y era verdad: estaba. Cuando llegábamos, *El exorcista*, que no era precisamente una novedad, siempre estaba disponible, pero si me despistaba, aunque no hubiera nadie más que nosotros, el tarjetón desaparecía. Durante semanas pensé que era cosa del dueño, que quitaba las tarjetas para que los menores de edad no alquiláramos películas de adultos. Llegué a admirar a Pedro por su capacidad para hacer ese movimiento maestro sin que nos diéramos cuenta, incluso me planteé que usara la telequinesia. Pero el día que vi a la vecina de abajo, un par de años más pequeña que yo, salir tan pancha con el VHS de *El cementerio viviente* (1989) debajo del brazo, se rompió el encantamiento. Vi clarísimo que el artífice era mi primo. No solo no fui capaz de decirle que me había dado cuenta, sino que seguí fingiendo sorpresa —cada vez más sobreactuada, cada vez más actriz— cuando el tarjetón desaparecía. Supongo que lo hacía para protegerme. Debió intuir (e hizo bien) que no era buena idea que viera *El exorcista* antes de pisar por primera vez un colegio religioso.

Me costó poco integrarme. Había alumnos más populares que otros, y el primer año tuve que soportar los comentarios de una chica que llevaba aún peor que yo mi sobrepeso. Pero eso era todo. El esquema que había diseñado en el lavabo —y que acabó tatuado en mi barriga tras un día entero escondido debajo de mi camiseta y pegado al cuerpo— no me sirvió de mucho. Las dos chicas que se habían reído al verme eran más nerviosas que famosas, y Anna, que acabaría siendo una de mis mejores amigas, llevaba la camiseta de Guns N' Roses por casualidad. Se había quedado a dormir en casa de su tía «la moderna» y, como no tenía ropa limpia por la mañana, le había dejado lo único que le quedaba más o menos bien. La rutina de la escuela estaba más cerca de los preparativos del festival de verano de *Midsommar* (2019) que de la dinámica de un *slasher*.

Mis miedos estaban ahí, los sentía muy cerca. Pero, en vez de manifestarse con la contundencia que esperaba, aparecían de forma puntual para recordarme que no bajara la guardia. Era como si estuvieran preparándose para arrollarme los años posteriores. Pero la realidad es que el tiempo que pasé en el Nazaret solo me apretaba el miedo cuando se me hacía tarde y tenía que atravesar sola un descampado para llegar al colegio. Por desgracia, el miedo a ser asaltada y agredida sexualmente me invadió desde muy pequeña y nunca he sabido cómo dominarlo. También me aterrorizaba la clase de educación física, algo que arrastraba del otro colegio y que vuelvo a experimentar cada vez que me apunto a un gimnasio. Y sentí miedo genuino en un episodio muy concreto y espiritual.

Detesto hacer ejercicio. Lo odio con todas mis fuerzas. Jamás seré una de esas personas que se redimen de décadas de apatía, flacidez y complejos convirtiéndose en corredores profesionales, que pasan de perder el autobús por no echar una carrera a inscribirse en la maratón de Nueva York. Y esta sensación tiene que ver con el miedo que me daba en el colegio la clase de gimnasia. Las veces que no colaba el justificante cómplice de mi madre diciendo que estaba indispuesta, iba al colegio aterrorizada. Era, simple y llanamente, miedo al ridículo y a la humillación. Miedo a correr ahogada a cinco metros de mis compañeros, miedo a estamparme contra el potro al intentar saltarlo, miedo a que nadie me quisiera en su equipo cuando jugábamos a baloncesto, miedo a que llegara el verano y nos obligaran a llevar pantalón corto, miedo a hacerme rozaduras entre las piernas. Miedo a que se rieran de mí o me rechazaran por no ser precisamente atlética. Para una niña gorda, la clase de deporte era un tormento. Y, aún ahora, cada vez que entro por la puerta de un gimnasio, me invade esa sensación tremenda de desamparo y hundimiento. Siento que la gente que hace elíptica a mi lado me mira con la misma mezcla de compasión

34

y de guasa que los niños del colegio. Y el pánico se viene conmigo hasta los vestuarios, donde vuelvo a pensar en *Carrie*. Por eso aguanto cuatro días apuntada. La última vez que me matriculé en un gimnasio, seguí esta ruta: llegué, me desmayé en la bicicleta estática y me desapunté. Todo en un día. En lo de la ineptitud deportiva llevo batiendo récords desde la infancia.

Sobre el episodio concreto al que me refería, se trata de la primera vez que fui de retiro espiritual con mi clase a la montaña de Montserrat, un macizo rocoso imponente que no tiene nada que envidiar al lugar donde se pierden, para no volver a aparecer, las chicas de *Picnic en Hanging Rock* (1975). En vez de llevar vestidos blancos y etéreos igual que ellas, íbamos abrigados hasta las cejas porque hacía un frío que pelaba. Y, en lugar de dedicar el tiempo a confundirnos lánguida y poéticamente con la naturaleza, estuvimos tres días en una abadía rezando, conversando y reflexionando.

Tenía catorce años y todavía no me había dado por las películas de terror sobre gente aislada en casas, en cabañas, en bosques. Pero tenía muy presentes trozos de *El resplandor* (1980), una de esas películas que, antes de verlas, construí en mi cabeza a partir de imágenes robadas. Y con el recuerdo de esas escenas, vistas a través de las rendijas de mis propias manos, me bastaba y sobraba. Cuando me descubrí totalmente sola en una celda del monasterio, el lugar más frío y austero donde haya pasado la noche nunca, sentí un miedo brutal. El cine de terror vino entonces al rescate. De un modo menos amable que otras veces, pero al rescate. Me tumbé en la cama con la ropa de calle, sin atreverme a ponerme el pijama, me tapé hasta la cabeza con las mantas y metí los dedos índices en las orejas porque prefería escuchar mis latidos al pitido del silencio.

Estoy convencida de que, si no hubiera visto fragmentos de *El resplandor* (y armado en mi cabeza los que faltaban hasta completar la película), esa noche se habrían desatado de golpe

35

todos mis miedos, tanto los que tenía atados en corto como los que no, y me habrían devorado. Miedo a la oscuridad, a estar sola, a los fantasmas, a que se acabara el mundo y me pillara en pleno retiro espiritual, a que entrara alguien a violarme o a matarme... Pero el recuerdo de esa película los bloqueó. Pasé las horas fantaseando sufridamente con que Jack Torrance (Jack Nicholson) acariciaba la puerta, confundiendo mis pulsaciones con el sonido del triciclo de Danny y aguantándome las ganas de mear por si, al salir al lavabo, me encontraba con las gemelas. Lo pasé fatal, pero los miedos prestados siempre son más llevaderos que los propios. De ahí que haya tanto fóbico fan del cine de terror.

4

Crash

EL MIEDO QUE EXCITA

—¿Por qué me traéis a ver esto? ¡Es una mierda!

—No es ninguna mierda, ¡es que no la has entendido!

Me encantaría poder decir que le debo mi dedicación profesional al cine de terror a una película de miedo que me causó una impresión tan fuerte que decidí especializarme en el género. De hecho, alguna vez he mentido sobre eso al creer que tenía más sentido decir que el origen de ese apego estaba más en *La mujer pantera* (1942), *Psicosis* (1960) o *La matanza de Texas* (1974), tres películas que adoro, que en la que realmente hizo que me dedicara a esto. Pero no fue así. Y, aunque mi visión de lo que se entiende por cine de terror es amplia y generosa, no puedo negar que la película que confirmó mi devoción por lo inquietante, lo extraño, lo perverso y lo enfermo trascendía los géneros. El terror y los demás. No era una película de terror, al menos en teoría, pero me provocó una angustia y un vértigo propios de ese género que me indignaron de inicio y acabaron convirtiéndose en una adicción para mí. Ver por primera vez aquella película no solo fue clave para definir mis gustos. También fue premonitorio de cómo iba a ser mi relación profesional con el cine de terror, de hasta qué punto ese vínculo iba a

37

ser a la vez motivo de alegrías y de conflictos conmigo misma y con los demás (sobre todo con los demás). El recuerdo de mi imagen, incómoda frente a la inmensidad de esa película, se ha convertido en una especie de tráiler —medio borroso, crepitante, con el negativo gastado— de cómo iba a sentirme muchas veces en mi futuro profesional: en conflicto, incomprendida... y rodeada de tíos en una sala de cine.

Obviamente, antes de ese día ya llevaba en el cuerpo la semilla del cine de género. Había visto clásicos en la tele, había exprimido los videoclubs de mi barrio (el Hollywood y el Mickey, aún sigo enamorada de esos nombres) y llevaba desde la adolescencia bajando cada año al festival de Sitges —que tiempo después se convertiría en mi segundo hogar— con unos vecinos, una pareja joven que vivía en el piso de encima de mis padres. Pero estoy convencida de que fue *Crash* (1996), de David Cronenberg, la película con la que realmente empezó todo. No la fui a ver sola. En aquella época iba cada viernes al cine con mi primo Angelito, cinco años mayor que yo, y con su mejor amigo, Sergio, un chico tímido a niveles patológicos que estaba enamorado de mí. Hasta ese día siempre me había parecido un buen plan. Mis amigas no eran muy de ir al cine y, a esas alturas, mi primo era directamente mi gurú. No solo me había descubierto el terror, sino que había empezado a prestarme revistas de cine y nos había llevado a mi madre y a mí a ver *Pulp Fiction* (1994). A él le debo uno de los mayores hitos de la historia de mi familia: mi madre contándonos la película de Quentin Tarantino en el metro, meada de risa, como si no la hubiéramos visto con ella. Se había pasado toda la proyección callada y visiblemente atónita, pero al recordarla (y ordenarla) en voz alta, le pareció de golpe lo más gracioso que había visto en su vida. A ella y a todo el vagón de metro de la línea 5 en

38

el que íbamos, que nos aplaudió cuando llegamos a nuestra parada.

Hasta entonces, ir al cine con mi primo y su colega había sido un planazo, igual porque solía haber bastante unanimidad en nuestros gustos y opiniones. Pero ese día, una semana después de ver juntos *Beautiful Girls* (1996), que nos había encantado, todo cambió. No elegí yo la película que fuimos a ver. La escogió mi primo, que seguro que sabía mucho mejor que yo quiénes eran David Cronenberg y J. G. Ballard, pero que también estoy convencida de que, si se hubiera olido la tostada, no habría permitido que me sentara en la butaca de en medio, entre ellos dos, o directamente habría sacado entradas para otra película. Pero no intuyó la movida y allí me vi yo, sentada entre dos adultos todavía más incómodos y abochornados que yo, espiando a un grupo de personas que se tiraban media película desnudos y buscaban el placer sexual en los accidentes de tráfico. Hay un plano | contraplano maravilloso entre la imagen en la que los personajes de Rosanna Arquette, Holly Hunter y James Spader, sentados en un sofá los tres en línea, acarician la entrepierna del que tienen al lado, y la estampa que componíamos nosotros: tres estatuas de Pascua. Rígidos, casi sin respirar y más concentrados en no rozarnos sin querer que en lo que estaba pasando en la pantalla.

—¡¿Por qué me traéis a ver esto?! —les pregunté entre indignada y abochornada al salir del cine. Era incapaz de mirarles a la cara. Solo quería coger el metro y llegar a casa.

—¡Pero si es buenísima! —me contestó mi primo Angelito, superconvencido y fingiendo no haber sentido la vergüenza que yo sabía que había sentido viendo la película.

Sergio, su amigo, caminaba a dos metros de nosotros mirando al suelo y totalmente descompuesto.

39

—Es asquerosa y no tiene ningún sentido.

—No tiene nada de asquerosa y se entiende todo. ¿No decías que te había gustado *La mosca*? ¿O lo decías para vacilar?

—No, no lo decía para vacilar. ¡Pero es que no tienen nada que ver! No me líes. ¡*La mosca* es buenísima y ésta es una mierda!

—No es ninguna mierda. Es una obra maestra. Son Ballard y Cronenberg, dos maestros en estado de gracia —me soltó escuchándose a sí mismo, orgulloso.

—¿Eso lo piensas tú o lo has leído en la *Fotogramas*? Porque igual es solo esto y no te lo crees ni tú —le contesté.

Mientras discutíamos, vimos a Sergio correr hacia el metro sin despedirse, dando zancadas y sin mirar atrás. No sé si huía de nosotros o de la película, pero no debía de estar muy fino para pensar que nos habíamos olvidado de que había venido al cine con nosotros.

—¿Ves? A Sergio tampoco le ha gustado.

—No, me ha dicho antes que tenía prisa y que se iría nada más salir.

—¿Cuándo antes? Pero si he estado todo el rato con vosotros y no te ha dicho nada.

—Me lo ha dicho cuando has ido al lavabo.

—¡Anda ya! ¡No es verdad! Se ha ido porque también le ha parecido una chistorra.

—¿Tú qué sabes? A ti no te ha gustado porque no la has entendido.

—Seguro. Como si hubiera mucho que entender —le contesté y zanjé la discusión con una mirada fulminante.

Fue la última que le dediqué esa tarde. Hicimos todo el trayecto en metro de vuelta a casa sentados uno al lado del otro sin mirarnos. En 1996, sin iPhone, de Diagonal a San Ildefonso. Diez paradas eternas de mal rollo.

Obviamente *Crash* no es ninguna mierda. De hecho, es una de mis películas favoritas. Pero en ese momento no tenía las herramientas suficientes para enfrentarme a ella. La vergüenza que sentí viéndola en formato sándwich, emparedada entre mi primo y su amigo, convirtió mi fascinación en enfado. Pero la fascinación estaba ahí. Yo aún no lo sabía, pero la atracción por lo insólito y lo perturbador se me había metido en el cuerpo para siempre. No era la primera película que me daba miedo, pero sí la primera que me ponía realmente contra las cuerdas.

He vuelto a ver *Crash* varias veces, aunque reconozco que entre la primera y la segunda pasó bastante tiempo: de un modo casi supersticioso, me daba mal rollo verla de nuevo. Sin embargo, no fue hasta la última vez, no hace demasiado, cuando descubrí que podía proyectar en ella casi todas las preguntas complicadas sobre el cine de terror que me he hecho a lo largo de los años: ¿todo es posible con la excusa del género? ¿Son lícitos los cuestionamientos morales o quedan desactivados? ¿Qué pasa con la violencia? ¿Qué roles tienen los personajes femeninos y masculinos? ¿Puede alguien molar más que David Cronenberg? La vi por última vez en el festival de Sitges de 2019, en una copia restaurada espectacular, con una amiga. No dábamos crédito a lo que veíamos, yo tenía la necesidad imperiosa de pellizcarle el brazo a Marina cada vez que algo me cruzaba los cables. Pero esta vez la incredulidad no tenía que ver con el bochorno, sino con la fascinación. Me asaltaron entonces todas esas preguntas. Y recordé el rubor, el vértigo y el aturdimiento del día del sándwich. Y recordé también, con más claridad que nunca, lo premonitoria que fue aquella salida al cine con mi primo y su amigo: yo en una sala de cine rodeada de hombres. Y, claro, recordé el cuestionamiento final.

Los últimos seis o siete años ha habido un cambio significativo. Significativo, no espectacular o definitivo. Hay más mujeres escribiendo sobre cine fantástico y de terror, y los festivales especializados han dejado de ser exclusivamente convenciones de señores barbudos con camisetas de *La cosa (El enigma de otro mundo)* (1982). Pero durante muchos años no fue así. No éramos muchas las chicas que escribíamos sobre esos géneros y, aún menos, las que nos movíamos en esos entornos. El trío imposible del día de *Crash* se convirtió en una orgía imposible, y durante muchos años fui uno de los pocos toques de color en una platea dominada por el negro... y por el pelo. A la mayoría de mis colegas —y a muchos de mis mejores amigos— los conozco de ese entorno, que hace muchísimos años se convirtió en mi casa. Y algunas oportunidades laborales me las han dado ellos. Pero no puedo negar unos inicios atropellados, un puñado de disgustos y habérmelo peleado bastante más que mis equivalentes masculinos por el hecho de ser una chica. Encima, una chica que no se ponía esas camisetas ni para dormir y parecía salida de *La tribu de los Brady*. Por mucho que intentara pasar desapercibida en el festival de Sitges, donde mi amor por el fantástico y el terror cuajó y se profesionalizó, daba el cante entre las bandas que se repartían el control del lugar: los fans de Carpenter, los fans de Conan el bárbaro y los fans del *heavy metal*. Era como si la Princesa Prometida se hubiera colado en el final de *The Warriors (Los amos de la noche)* (1979) para poner orden.

El día de *Crash*, mi primo Angelito me había dicho que la película no me había gustado porque no la había entendido. Y supongo que esa vez era verdad. Entonces no podía ni imaginar la cantidad de veces que iba a oír eso, ya sin razón, a lo largo de mi vida y en boca de supuestos expertos. Aún lo escucho de vez en cuando y, salvo si considero que tienen razón, no lo acepto. Pero hubo un tiempo en el que yo fui más insegura y algunos de ellos, que supongo que no acababan de concebir que yo estuviera allí, mucho más cretinos. «No lo has entendido.» Podía ser realmente frustrante ver como el mismo tío que me había dicho eso luego hacía pasar por suya en público la opinión que le había regalado sin saberlo.

—No creo que tengamos que premiar esa película porque jamás se podría programar en televisión.

Con ese argumento absolutamente ridículo pretendía uno de mis compañeros de jurado ventilarse la mejor película que habíamos visto.

Era mi debut como jurado oficial de un festival grande y no había sido la primera opción. Estaba en uno de los jurados paralelos y me movieron al principal porque cayó alguien a última hora. Era la única chica en un comité de siete, que seguía siendo la formación habitual hasta no hace mucho: todo hombres salvo una chica. Por aquel entonces ni siquiera era una forma perezosa de cubrirse las espaldas «para que no digan que no hay mujeres», sino que era poco más que una cuestión estética. Yo tenía veintiséis años; el más joven de mis compañeros me sacaba una década y el mayor de todos me doblaba la edad. En ese momento yo no conocía muy bien las dinámicas de los jurados: básicamente me lo tomaba demasiado en serio, demasiado a la tremenda. No concebía las soluciones de consenso, me costaba negociar sin encenderme y refunfuñaba cuando no compartía las opiniones de los demás. No echo de menos mi relativo mal estilo, pero sí añoro el entusiasmo y el exceso de responsabilidad: parecía que el destino del mundo estaba en mis manos. Es posible que en la deliberación final me pasara de vehemente, pero no merecía el linchamiento de mi compañero de jurado, un señor que descartaba de manera sistemática toda película que no pudiera programar en el canal de televisión que dirigía.

43

—No estoy de acuerdo. Es buenísima y, si el festival ha decidido incluirla en la sección oficial, hay que valorarla igual que el resto —le contesté visiblemente asombrada por el argumento que acababa de dar para descalificar mi película favorita.

Me molestaba además que fuera tan de guay cuando sabía que no había visto muchas de las películas que teníamos que ver. Se había saltado por lo menos la mitad.

—Me niego a premiar una película tan oscura. No se ve nada. ¡Imagínate eso en la tele! ¡No se ve a los personajes! ¡No sabes lo que están haciendo! —replicó siguiendo en sus trece.

—Me parto. ¡Pero si es el Apocalipsis! ¡Claro que no se ve nada! ¿Qué quieres, luces de Navidad? ¡Qué más da la tele!

—¡Hay una escena larguísima iluminada solo con la luz de un mechero! ¡Eso no puede ser!

—¡¿Pero te crees que han encendido el mechero y, venga, a rodar?! ¡Pues no! ¡Ahí hay un trabajo increíble del director de fotografía! —le contesté roja como un tomate, secándome las palmas de las manos con el pantalón y buscando sin suerte la complicidad de mis otros compañeros.

—Mira, niña. Cállate, que eres muy joven y muy impertinente. —Zasca.

Me mató. Niña y joven, todo a la vez. Una nueva versión del «no lo has entendido». Más grandilocuente, más folclórica y, lo peor, superconsciente. Uno de mis compañeros, un tipo maravilloso, un dibujante de cómics inglés muy amable que no había levantado la voz en los diez días que pasamos juntos, saltó de inmediato:

—Me niego a aceptar ese tipo de ofensas. Desirée no es ni más ni menos que nadie en este jurado. No puedo permitir esa falta de respeto. Si ha de ser así, prefiero dejarlo —dijo con la voz temblorosa, y salió de la sala donde estábamos.

44

Es alucinante cómo su reacción, tan lógica y razonable, pudo sorprenderme tanto. Tengo un recuerdo agridulce de ese día. Me hizo ser a la vez pequeña y grande. Pequeña porque me hizo ver el percal. Grande porque me hizo abrir los ojos pronto. No iba a ser fácil.

El caballero inglés no fue el único que se puso de mi lado, y el director del festival reprobó el ataque. Pero el entusiasta de la televisión jamás me pidió disculpas. Aún espero su llamada. En cuanto a la película en cuestión, le dimos el premio al guion. No podía ser la gran triunfadora... porque era demasiado oscura para la tele.

Años más tarde, esa película me señaló lo peñazo que era un medio novio que me había dado varios disgustos. Me encanta cuando pasa eso, cuando una misma película arroja luz sobre distintas facetas de mi vida: en el caso anterior, sobre la profesional, y en éste, sobre la sentimental. Es como si esas películas estuvieran al acecho, siempre dispuestas a reaparecer y darme un meneo cuando más falta me hace. Aunque no parecía muy entusiasmado con la idea, el medio novio en cuestión aceptó mi sugerencia de ver una noche la película del mechero. La pusimos en el reproductor de DVD y a la media hora...

—¡Tío, que te estás durmiendo!

—No.

—¡Que te estás durmiendo! A ver, dime qué ha pasado ahora mismo.

—Ay, Desirée, no lo sé.

—¡Ves! ¡Te habías dormido!

—Joder, Desi, es que ver esta película en la tele no tiene sentido —me contestó achinando los ojos—. Igual en el cine sí, ¡pero así no se ve nada!

Él se fue a dormir. Yo me fui a mi casa. No volví a verlo.

5

It Follows

MIEDO AL SEXO

En resumen: mi estancia en el Nazaret fue un poco como *Mis-dommar* (2019) antes de que los ancianos se tiren del acantilado voluntariamente. Mis saltos al vacío llegarían más tarde. En la película de Ari Aster, un grupo de amigos estadounidenses pasa unas vacaciones en una aldea de Suecia donde cada noventa años la comunidad se vuelca en la celebración de un festival de verano. Al ver a los ancianos estampados contra el suelo y descubrir lo macabro del asunto, entran en un estado de pánico. Pero hasta ese momento se entregan con devoción a esa fiesta en la que todos visten de blanco, llevan diademas de flores y danzan descalzos por el césped. Mi paso por el instituto no fue exactamente como *Midsommar* antes de la escena que activa el horror, pero mis fotos de las celebraciones de los juegos florales de poesía podrían pasar tal cual por imágenes de la película. Ahí estoy yo, con el vestido de novia de una vecina y una corona de flores, en medio de mis compañeras, también de blanco inmaculado y con tiestos en la cabeza. El día a día del Nazaret no era bucólico, pero sí parecía estar organizado para que, según entrábamos por la puerta, nos olvidáramos de los terrores que nos aguardaban fuera. Nunca me sentí asfixiada, pero sí demasiado protegida.

47

Por otro lado, mi familia no es especialmente conservadora, aunque tampoco lo contrario, pero ese miedo latente y contagioso que compartimos el sector femenino y que tanto temo que herede Nico ha ido posponiendo nuestra iniciación, nuestro despertar, a algunas cosas. A cada una de las mujeres de mi familia nos ha pasado (y nos sigue pasando) con algo. En mi caso, por ejemplo, fue con el sexo: creo que llegué un poco tarde. La suma de ese miedo abstracto y paralizador, el largo paréntesis del colegio de monjas y una relación complicada con mi cuerpo hicieron que pospusiera demasiado el verdadero encuentro con mis deseos y mis instintos. No era, ni mucho menos, una mojigata. Y, por suerte, desde el principio vi claro que amor y sexo no tenían por qué ir juntos: el problema no era que fantaseara con enamorarme como fase previa a perder la virginidad. El sexo estaba tan presente para mí como para mis amigas, que lo llevaban mejor que yo y ya habían empezado a tener relaciones. Pero digamos que, antes de llegar a la universidad, la idea de pasar de la teoría a la práctica se me hacía bola.

En esa etapa, en esos cuatro años de colegio de monjas, mi visión del ardor juvenil se apoyó más en *La noche de Halloween* (1978) que en *El tren del terror* (1980), por citar dos películas con mi heroína Jamie Lee Curtis. Diferencias aparte, si las dejamos en su mínima expresión ambas van sobre un criminal enmascarado que asesina a chavales que saben pasárselo bien. Pero, al contrario que la obra maestra de John Carpenter (y la mayoría de los *slashers*), la segunda parece celebrar la promiscuidad en vez de castigarla: ya que vais a morir todos, que os pille bebiendo y bailando. Bebiendo, bailando, retozando y celebrando el fin de año en una fiesta de disfraces en un tren en marcha.

48

Tiene esa película una escena que me vuelve loca. La acción se detiene y aparece David Copperfield con una camisa con chorreras y se marca un espectáculo de magia en un vagón, delante de unas cortinas plateadas. El ilusionista, presentado como un tipo irresistible (una visión del *sex symbol* que también me fascina), realiza un truco de cartas que es un éxito. Pero el verdadero *hit* es cuando hace levitar y desaparecer a su ayudante femenina ante los estudiantes que festejan. Me parece una idea increíble, muy divertida, colar un show de ese tipo en medio de una película de terror, como si fuera posible posponer el horror con un poquito de magia. Sabiendo ahora cómo se complican las cosas después, me habría venido estupendamente atravesar el instituto subida a ese tren, convencida de que, como hiciera lo que hiciera nadie me iba a quitar ni los miedos ni la sensación de amenaza, tampoco perdía nada relajándome y siendo un poco más libre y disoluta. Igual incluso de vez en cuando hubiera aparecido David Copperfield con las chorreras para tranquilizarme, extasiándomme con un número de magia o, como hace con Jamie Lee, sacando una rosa de detrás de mi espalda.

También me habría ayudado mucho despedir el Nazaret con una proyección de *It Follows* (2014), una de mis películas favoritas de terror de los últimos años. Ojalá en la edad del pavo —que en mi caso se alargó un poco más de la cuenta— me hubiera llevado un meneo como el que le da David Robert Mitchell al *slasher* en esa película. Antes de la revelación, antes de que quede al descubierto su mecanismo, *It Follows* parece recoger el guante del subgénero y prolongar la idea de la promiscuidad —ni siquiera de eso, simplemente de la sexualidad en la adolescencia— como algo que debe ser castigado. Incluso en lo formal, *It Follows* pasa al principio por un reme-

49

do de *La noche de Halloween*, pero se convierte poco a poco en una especie de sueño febril del universo estético y sonoro de John Carpenter. Jay (Maika Monroe), la protagonista, una adolescente que vive en el típico barrio tranquilo de casitas bajas con jardín, tiene relaciones sexuales en la parte trasera de un coche amarillo con un chico (Jake Weary) al que apenas conoce. Al acabar, él se abalanza sobre ella y la duerme con un pañuelo empapado en cloroformo. Cuando despierta, descubre que está en un edificio abandonado, en ropa interior, y amordazada y atada a una silla de ruedas. Si hubiera visto *It Follows* a punto de abandonar el colegio de monjas, ese arranque habría sido para mí aterrador, pero igual también habría supuesto un alivio. Me habría proporcionado una coartada, una excusa, para justificar los miedos que habían dejado de estar latentes para, a punto de entrar en la universidad, volverse omnipresentes: el miedo a los chicos, al deseo, al sexo y a un cuerpo que no me gustaba, que en realidad era el principal problema, el origen de todo. También habría reforzado mi letargo y frenado mis pocas ganas de pasar a la acción. ¿Pero qué habría sucedido al llegar a la explicación que le da el chico para justificar lo injustificable? Hubiera sentido todavía más miedo, obviamente, pero creo que en secreto me habría gustado estar en la piel de la protagonista. Es retorcido pero tiene su lógica.

El chaval le cuenta que, tras tener relaciones sexuales con ella, le ha pasado una maldición: a partir de ahora, va a ser perseguida por un espíritu que adopta la forma de distintos individuos y que solo los «infectados» pueden ver. La única manera de deshacerse de esa especie de encantamiento siniestro es pasárselo a otra persona a través del sexo. A partir de ese momento, Jay entra en estado de pánico, se siente perseguida y observada y vive con una sensación constante de peligro y amenaza. También, al valorar que igual no le queda más remedio que

50

acostarse con alguien cuanto antes para librarse de la maldición, toma una mayor consciencia de su cuerpo. En ropa interior, frente al espejo, se observa, se analiza, se mira debajo de las bragas. También pone una atención especial en su entorno, en su círculo de amigos. En resumen: excepto por la cuestión física (Jay no solo no es como era yo, sino que directamente es la chica que entonces soñaba con ser), se convierte en mí el último día de instituto: tan consciente de los peligros y del exterior como de estar sola frente a todo.

En esa etapa no me habrían venido mal ni una película de terror como *It Follows*, que en vez de castigar el sexo adolescente lo convierte en una especie de acto de redención, ni una maldición como la que le cae a Jay. Eso sí, ahorrándome el forcejeo, el cloroformo y la mordaza... y quizás espaciando un poco más las apariciones de los fantasmas para tampoco tener que acostarme con la primera persona que pasara. Es probable que, de haber caído esa maldición sobre mí, hubiera muerto a los veinte minutos de película. No por miedo a los fantasmas, sino porque no habría sobrevivido a la escena del espejo. Asustada o no, Jay es perfecta, y la imagen que le devuelve el espejo del cuarto de baño también lo es. Ni un gramo de grasa, ni sombra de obesidad, ni asomo de desprecio hacia sí misma, ni miedo a explorarse y descubrir el poder de su propio cuerpo. Yo, con mis problemas de sobrepeso, es posible que ni siquiera me hubiera atrevido a observarme en bragas en el espejo del baño, el mismo que apenas miraba de reojo, con el que poco tiempo después me obsesioné y que acabaría devolviéndome una imagen distorsionada de mí. En mayor o menor medida, en algunas épocas más que en otras, los espejos siguen haciendo esto último conmigo.

¿Pero y si la maldición me hubiera hecho reaccionar? Pues igual me habría venido bien para sacudirme los complejos antes de que fuera tarde. Porque los complejos y las inseguridades se pasan con los años, pero no todos y no siempre del todo. Algunos incluso van a más. Suavizándola un poquito, la maldición de *It Follows* me hubiera invitado a experimentar antes con mi cuerpo y a perderle el miedo a los chicos, un miedo conectado directamente con otro de mis mayores terrores: gustarle a la otra persona aún menos de lo que en aquella época me gustaba a mí misma.

Pero nada. Esa maldición liberadora nunca llegó, y lo más parecido a *It Follows* que experimenté realmente en mi adolescencia fueron los trayectos al colegio de monjas cruzando un descampado cuando se me hacía tarde. Si tomabas ese atajo que conectaba Cornellà con Esplugues, un camino sin asfaltar con una fábrica a la derecha y una casa abandonada como las de Stephen King a la izquierda, te ahorrabas diez minutos de camino. Pero si no tenías la suerte de coincidir con algún otro estudiante que también había perdido el autobús, o con una madre que llevara a rastras a sus hijos a clase, todo cambiaba. Seguías ahorrándote los diez minutos, pero no tenías la garantía de llegar al final del camino.

Cuando vi *It Follows*, era adulta y reviví esos trayectos, hechos a ritmo ligero, con el corazón en la boca y completamente convencida de que me observaban desde las ventanas de esa casa y de que, encima, había alguien persiguiéndome. También me abrumó la claridad con la que reflejaba esa adolescencia que había decidido vivir a medias, en un constante y ultraconsciente sí pero no, por miedo. Y pensé de inmediato en lo increíble que habría sido verla con diecisiete años. Tanto la película como la maldición que recoge me habrían obligado a salir de la fantasía apática en la que me había encerrado y a enfrentarme a muchos de mis miedos lo antes posible. Básicamente porque, al dejarlos en pausa, les estaba dando la fuerza con la que me arrollarían cuando dejé atrás la adolescencia. La maldición me habría hecho espabilar, enfrentarme cuanto antes a los fantasmas y perderle el miedo al sexo y al cuerpo, tanto al mío como al de los demás.

6

Una chica vuelve a casa sola de noche

Miedo a no llegar a casa

Adoro el título del primer largometraje de la directora Ana Lily Amirpour: *Una chica vuelve a casa sola de noche*. La primera vez que oí hablar de él, lo vi clarísimo: si lo había dirigido una mujer, el título era una declaración de intenciones. Si llamas así a tu película, es obvio que sabes de lo que hablas, que conoces perfectamente el miedo a regresar sola a casa de noche, que convives con él de alguna manera. Es obvio que, al margen del rumbo que tome después tu película, estará impregnada de ese miedo. Es obvio que, de manera directa o indirecta, te has propuesto denunciarlo y, si encima has hecho una película de terror, género que tradicionalmente ha alimentado ese miedo, es muy probable que hayas querido rebelarte contra él o darle la vuelta.

Y así era. La primera vez que vi *Una chica vuelve a casa sola de noche*, en una proyección dentro de un festival, no me quedé mucho con el argumento. No porque tuviera una trama compleja, que no es el caso. Ni porque fuera la hora de la siesta, que lo era. Fue más por la impresión de comprobar que una directora nueva se había tomado la molestia de dedicarle una película entera a ese miedo. No a representarlo, algo que hacen muchas películas de terror: la mujer perseguida en medio de la noche o asaltada en la oscuridad del bosque o del callejón es una escena recurrente. La novedad es que se lo cuestiona. Y hace esto invirtiéndolo. La ópera prima de Ana Lily Amirpour es muchas cosas a la vez. Es un filme de vampiros, es un wéstern en blanco y negro, es el relato de una extraña historia de amor y es la crónica de un lugar, bautizado sin dobleces como Bad City (en castellano, Ciudad Mala, aún es más bonito), ocupado por el machismo y la violencia. Pero para mí siempre será una película sobre el miedo a volver sola a casa de noche. Sobre el miedo a que las sombras y los ruidos que te acompañan en el trayecto no sean solo los de tu respiración o los que lleva incorporados la noche, a que haya alguien escondido en el portal o a que el taxista que te ha dejado en casa se ponga en marcha antes de que la puerta de la calle se cierre a tu espalda. *Una chica vuelve a casa sola de noche* es de 2014, tiene ya unos años. Cuando la vi, ya no era una niña. Pero reconozco que en aquel momento aún no había hecho el ejercicio real de rebelarme contra ese miedo. Ni siquiera me había cuestionado por qué lo había aceptado sin más y me había acostumbrado a vivir con él.

No tiene sentido preguntarme dónde empezó mi miedo a volver sola a casa de noche: ¿qué debería hacer? ¿Psicoanálisis en busca de traumas infantiles? ¿Hipnosis? ¿Rastrear la historia de mis antepasadas? Convivo con ese miedo desde que tengo uso de razón, siempre ha estado ahí. Deduzco que, cuando lo descubrí, ya llevaba tiempo instalado en mi casa, en mi barrio, en mi entorno. Siempre se me advirtió de los peligros de andar sola de noche por la calle, y de caminar de día sin compañía por lugares solitarios e inhóspitos. No hacía falta verbalizar la amenaza, estaba clara: el monstruo era un hombre que podía asaltarme y agredirme sexualmente. De ahí mis carreras, aterrorizada y sofocada, por el descampado que me llevaba directa al colegio de monjas. De ahí el miedo adolescente a esperar sola el autobús de noche en invierno, cuando volvía de esa cosa tan contradictoria que eran las discotecas de tarde, porque mi toque de queda era antes que el de mis amigas. Al subir, me ponía siempre en el asiento de detrás del conductor y me concentraba en lo que sonaba en la radio, que en ese bus siempre era un consultorio sentimental. Las declaraciones de amor de los oyentes y la confesión de sus infidelidades y de sus relaciones imposibles me tenían entretenida y amortiguaban mi angustia. Acabo de caer en que sigo sentándome detrás del conductor cuando cojo sola el autobús nocturno. Y de ahí también la manía, que nunca he logrado quitarme de encima, de bajar a tirar la basura en bata y pantuflas porque así siento que tengo un pie en la calle y otro en casa. Pero hasta que fui adulta no tomé consciencia de la gravedad de asentir ante la advertencia de no caminar sola de noche por la calle, de dar por hecho que se trataba de algo que simplemente era así, de que siempre había sido así, y tenía que aceptarlo.

Al vivir en un barrio grande, superpoblado y donde se hacía mucha vida en la calle, siempre había leyendas urbanas y rumores que alimentaban ese miedo. Pero el mío se nutrió especialmente de dos relatos de terror que nunca he superado. El primero es real y me marcó de por vida. A mí y a todas las mujeres de mi edad que conozco. El otro es una ficción que permanece y sigue mutando desde hace treinta años.

El hecho real fue el crimen de Alcàsser, uno de los sucesos más horribles de la crónica negra española: el secuestro, la tortura, la violación y el asesinato de tres amigas adolescentes. El crimen, aún sin resolver, sucedió en 1992. Yo tenía quince años, aproximadamente la misma edad que las víctimas, y me llamaba como una de ellas. El caso, del que se hizo una cobertura mediática nefasta, secuestrada por el sensacionalismo y una falta de respeto brutal por el ser humano, minó el ánimo de todo un país y sigue siendo uno de los episodios más terribles de su historia. Nadie fue inmune a algo así, era imposible. Pero, por cómo nos marcó a mis amigas y a mí, intuyo que ese terrible suceso fue especialmente traumático para las mujeres, ya fuéramos adultas, adolescentes o niñas. No tengo ninguna duda de que hizo que mis miedos a caminar sola de noche, a la oscuridad del callejón y a la posibilidad de ser asaltada se volvieran crónicos e irreversibles.

En cuanto a las ficciones, la primera en dar material consistente a mi miedo a caminar sola de noche —y todas las variaciones posibles— fue *Twin Peaks*. Cuando se emitió en España la primera temporada yo tenía trece años y estaba a punto de eclosionar y convertirme en la adolescente temerosa en la que me convertí. Fue la serie de David Lynch y Mark Frost, que se emitía semanalmente por la noche en Tele 5, lo que acabó de romper la burbuja en la que estaba escondida y bien calentita. De repente, llegó el frío: en la televisión de mi casa, el cadáver de una adolescente surgía de las aguas heladas de un río. La imagen de Laura Palmer (Sheryl Lee) muerta, envuelta en plástico y con los labios lila sigue teniendo un efecto brutal sobre mí. No solo por su valor icónico. Cada vez que la veo, me acuerdo de esa primera vez. De estar mirando de reojo a mis padres, sentada sobre mis manos, y cruzando los dedos para que no me mandaran a la cama. De no dormir en toda la noche. De tener claro, nada más ver el primer capítulo, que ya no había marcha atrás, que el misterio de esa pequeña ciudad invadida por la niebla se me había quedado dentro y a saber cuándo me dejaría tranquila. Cómo iba a imaginar que seguiría acompañándome treinta años más tarde. Esa noche escondí debajo de la cama todas las cosas violeta que había en mi habitación y *Twin Peaks* se convirtió en una de mis primeras obsesiones.

58

La serie no fue lo único excitante para mí. También lo fueron los rituales en torno a ella. El día después de la emisión de cada capítulo, me sentaba por la tarde en el rellano a esperar a que mi vecino Javi y su hermana Marta, gemelos, redichos y dos años más mayores que yo, volvieran del colegio. Estudiaban en una escuela francesa de Gavà y tenían una asignatura que se llamaba *Assemblée*, que venía a ser lo mismo que mi clase de «debate», pero que a mí me sonaba muchísimo mejor. Y es que era muchísimo mejor. Mientras mis compañeros y yo conversábamos con la profesora de catalán sobre convivencia, medio ambiente o vete tú a saber qué, ellos tenían un profesor superenrollado, en mi cabeza idéntico a John Stamos en *Padres forzosos*, que les hacía analizar los capítulos de *Twin Peaks*. No sé si lo que me contaban luego a mí tenía algo que ver con lo que habían comentado en clase. Ni siquiera sé si de verdad existía la *Assemblée Lynch*. Pero yo recibía esa cita semanal como agua de mayo. Nos sentábamos en el comedor de su casa mientras su madre preparaba la cena. Marta nos leía en voz alta nuestros horóscopos de la *Teleindiscreta*. Y después me contaban, con todo lujo de detalles, las cosas que habían descubierto en cada capítulo y las conclusiones a las que habían llegado. Era un despropósito, no daban pie con bola, pero en el momento sus investigaciones me parecían muchísimo mejores que las del agente Cooper. Dónde iba a parar.

Me cuesta reducir *Twin Peaks* a una sensación concreta porque es inabarcable. Y me cuesta hablar de ella en pasado porque para mí está siempre presente, porque es absurdo añorar una ficción que no ha dejado de expandirse de las maneras más imprevisibles y brillantes y, encima, rompe el tiempo desde dentro. Pero el rostro congelado de Laura Palmer sigue siendo el pozo por el que me caigo cada vez que vuelvo a la serie. Y creo que es porque me lleva a un momento y a un malestar muy concretos. Me recuerda el terror que sentí en la pubertad al ver una

59

imagen que, para mí, independientemente de hacia dónde tirara después la serie, hablaba a la vez de agresión física, de la noche como un estado de peligro, de violencia sexual y de una amenaza masculina. Las averiguaciones de los gemelos siempre iban en esas cuatro direcciones, que nos acojonaban por igual a todos aunque ellos lo disimularan mejor. Por eso los días de nuestra particular asamblea post-*Assemblée* dormía todavía menos que los de la emisión del capítulo.

El cadáver de Laura Palmer en *prime time* es la primera imagen de ficción que me arrojó a la cara todos esos miedos. Sin embargo, siento que es extrañamente bella, y creo que es porque en ella resuenan la curiosidad, la inconsciencia y la pureza (para lo bueno y para lo malo) de la adolescencia. No me sucede lo mismo con las imágenes de otras ficciones que, ya de más mayor, llevaron mi miedo a otra dimensión.

Tengo problemas con un tipo muy concreto de películas. Salvo por un paréntesis (mi edad del pavo en el terror) en el que las abracé por supervivencia, me cuesta mucho ver películas de *rape and revenge*, un subgénero cinematográfico que va exactamente de eso, de mujeres violadas que se vengan de sus agresores. Las veo cuando no me queda más remedio, cuando por trabajo no puedo escaquearme (aunque, por suerte, ya hace tiempo que me di cuenta de que tampoco es necesario verlo absolutamente todo). Pero el miedo al asalto y a la agresión sexual que arrastro desde niña no solo me impide disfrutarlas, sino que sigue alimentándose de esas películas. Ojalá fuera capaz de enfocarlas de otra manera. Ojalá mi resistencia a las escenas de violación, casi siempre interminables y realistas, fuera mayor y mi angustia se viera recompensada por las escenas de venganza posteriores. Ojalá experimentara estas últimas como una especie de catarsis. Pero no me pasa. No soy especialmente sensible a la violencia física en el cine, incluso puedo disfrutarla por la búsqueda de las emociones fuertes y la necesidad de ser puesta a prueba que, entiendo, comparto con otros fans del cine de terror. Sin embargo, las películas de violación y venganza siguen siendo para mí un hueso duro de roer.

Incluso ahora, cuando tengo claro que debo romper la cadena de ese miedo y evitar que mi hija crezca aceptándolo como algo inevitable, las *rape and revenge* siguen alimentando mis temores. Si pudiera, dejaría al fondo del armario las malas, las que aportan poco más que mal rollo y peor gusto, y me quedaría solo con las buenas. Que las hay, y que son buenas por razones muy variadas, desde sus valores cinematográficos hasta los senderos que abrieron para el cine de género. Dos de ellas, *Thriller: A Cruel Picture* (1973) y *Ángel de venganza* (1981), me gustan de manera genuina, aunque no pueda verlas sin que el estómago se me salga por la boca. Y tengo una relación ambivalente con *La última casa a la izquierda* (1972): la considero fundamental pero la detesto. De todos modos, reconozco que mi nivel de exigencia con las *rape and revenge* se ha disparado estos últimos años: la persistencia hoy en día de subproductos de este género me parece un sinsentido.

Me ha planteado dilemas y me ha traído algún disgusto descubrir que, pese a estar a años luz del cine de explotación, algunas películas recientes de violación y venganza dirigidas por mujeres no me convencen. Que incluso me resultan frustrantes. Sigo dándole vueltas, con la esperanza de encontrarles algún día la vuelta, a *Revenge* (2017) de Coralie Fargeat o a *The Nightingale* (2018) de Jennifer Kent. La primera es una *rape and revenge* bastante canónica —con un pie, eso sí, en el cine de acción— sobre una chica que se venga de sus agresores. La otra no es exactamente una película de ese subgénero, aunque transpira el más absoluto espanto. Es un drama de época, ambientado en 1825, durante la colonización de Australia, y cuenta la historia de una joven convicta irlandesa que persigue a los oficiales que han asesinado a su familia. Incluye dos escenas de violación, una con la protagonista como víctima, insoportables. Las dos películas tienen cosas que me gustan mucho, sobre todo la segunda, imponente en su descripción del mundo como un lugar asfixiado por la maldad, donde el horror es crónico y lo alcanza todo. Pero no puedo evitar sentir que su aproximación al cine de violación y venganza, porque para mí ambas pertenecen a ese subgénero aunque Kent asegure que su película no, es demasiado endeble para los tiempos que corren. No son, ni mucho menos, propuestas en las que la violencia sea el fin o en las que esté planteada como espectáculo, pero no acabo de encontrarle una explicación consistente a la necesidad de que esas escenas de violación sean tan largas y explícitas.

Una chica vuelve a casa sola de noche no es una *rape and revenge*. Pero sí tiene bastante de película de venganza a secas: la protagonista siente como propio el dolor ajeno, que es el de la mujer agredida, y necesita repararlo y castigar a los culpables.

Ana Lily Amirpour es estadounidense, pero nació en Inglaterra y es de origen iraní. Su película sucede en una ciudad imaginaria que parece estar en Irán —algo que se deduce de la iconografía y del idioma, pues está hablada en farsi— y tiene como protagonista a una vampira (Sheila Vand) que pone a White Lies en el tocadiscos, se pinta de manera perfecta la raya negra en los ojos, lleva hiyab y recorre las calles de noche en monopatín. Dicho así, aunque es exactamente de esta manera, puede parecer un despropósito, pero es una película compacta, elegante, incluso solemne. La primera vez que la vi, pensé que estaba muy bien. La última, que era realmente extraordinaria. Y siempre he sentido que refleja con una claridad abrumadora el miedo a volver a casa sola de noche. Lo hace desde lo fantás-

62

tico. Y lo hace invirtiendo ese miedo, intercambiando los roles y mediante ideas visuales tan perturbadoras como hermosas.

Medio vampira y medio justiciera —aunque no tenga un hambre totalmente selectiva—, la protagonista ataca sobre todo a los hombres que hacen daño a las mujeres. Y necesita tanto la sangre del otro como tener la certeza de que ese mal estructural y crónico, que se manifiesta en todos los rincones de esa ciudad fantasma, va a desaparecer para siempre. La protagonista, cubierta por completo de negro, observa a los personajes masculinos, la mayoría absolutamente deleznables, desde la distancia. Lo hace del mismo modo en que el cine de terror suele observar a las víctimas femeninas: desde lejos, de forma amenazante, dejando clara la imposibilidad de escape. La Chica, porque en otra decisión brillante el personaje no tiene nombre para subrayar la universalidad del relato, persigue y molesta a un proxeneta chulesco y a un viejo yonqui violento y mezquino. Como fase previa a cargárselos, los asedia, los acosa o les planta cara en la oscuridad de la noche.

Esas escenas me impresionan porque me permiten ver desde otro ángulo, desde el opuesto, ese miedo que aún arrastro. Pero siento una debilidad especial por un momento concreto de *Una chica vuelve a casa sola de noche* que tiene que ver con la infancia, el instante en que es más probable que ese miedo se me metiera por primera vez en el cuerpo. Me gusta mucho porque no es una invitación (consciente o inconsciente) a crecer con ese miedo, sino un grito desesperado para acabar con él de raíz, desde el principio, antes de que cuaje. En esa escena, La Chica amenaza a un niño de la calle al que hemos visto quedarse impasible ante el horror y que parece haber asimilado la violencia como la norma: «¿Eres un niño bueno? Te puedo sacar los ojos de la cabeza y dárselos a los perros para que los muerdan. Hasta el final de tu vida te estaré vigilando. ¿Entendido? Sé buen niño».

63

7

Trouble Every Day

Miedo al deseo

En 2001, mucho antes de empezar a trabajar en el festival de Sitges, cuando lo cubría como periodista, entré a ver una película al Auditori y salí impresionada y muy mareada. Esquivando a la gente como pude, intenté llegar lo más dignamente posible a la salida del hotel donde está esa sala de proyecciones para que me diera el aire. Pero caminé unos veinte pasos y tuve que pararme y tumbarme boca arriba en el vestíbulo. Esa vez contribuí a generar una de las leyendas (convertidas de manera automática en titulares de prensa) que más detesto: «La película que hace que la gente se desmaye». En mi caso era verdad. Me había desmayado al salir de ver *Trouble Every Day* (2001), pero no por las razones que supusieron los que me vieron tirada en el suelo completamente lívida.

La película de Claire Denis es de caníbales. Es una película realista de caníbales... todo lo realista que puede ser una película con Vincent Gallo de protagonista. Sin dejar de ser elegante, incluso delicada, es brutal y sangrienta, y no se anda con rodeos para mostrar cómo los personajes se comen unos a otros. Si eres una persona aprensiva, es bastante probable que no la soportes o que acabes como yo ese día. Y todo el mundo lo entenderá perfectamente. Pero mi pájara no tuvo nada que ver con eso, tampoco con que me metiera a verla con el estómago vacío, la explicación que balbuceé para no quedar como una mujer débil e impresionable. Y una explicación que los colegas que se acercaron a socorrerme interpretaron como una excusa.

Debería ser al revés después de pasar por dos partos, pero, desde que soy madre, ha disminuido un poco mi nivel de aguante de la violencia física en el cine. Aun así, insisto, la soporto bastante bien. Pero, cuando aquello sucedió, tenía veinticuatro años y no solo poseía una resistencia admirable al cine más extremo, sino que me generaba una curiosidad y una excitación extraordinarias. Me cuesta entender por qué me aferré con esa determinación a películas que, años después, me parecerían las meras provocaciones que en realidad son. No es el caso de *Trouble Every Day*, que es espléndida la mires cómo, dónde y cuándo la mires, pero sí el de unas cuantas salvajadas de saldo que en su momento me dieron la vida. La respuesta es sencilla, cero sofisticada. Por un lado, supongo que había ahí algo de pose: sospechaba que en el entorno del cine de terror siempre iban a tomarse más en serio a una chica que celebrara la brutalidad que a una que no. Por otro, vivía tan obsesionada con tenerlo todo bajo control, bien reprimidito y ordenadito, que celebraba extasiada los excesos en la pantalla. Aún más si tenían un componente carnal o sexual.

Todo esto es para explicar que mi estampa tumbada en el pasillo no era precisamente la de una mujer con poco aguante para la violencia en pantalla. Estaba hecha un cuadro, eso era innegable, pero el motivo era otro. Allí tirada, no podía quitarme de la cabeza la imagen de Béatrice Dalle, totalmente ensangrentada, caminando en camisón frente a las paredes pintadas con la sangre del hombre al que acaba de comerse. O jugando, teñida de rojo, hipnotizada y supersexy, con un fósforo. *Trouble Every Day* me había sacudido de un modo similar a cómo lo hizo *Crash* hacía unos años, con la diferencia de que aquella vez no había entendido por qué y ésta lo había visto claro. Clarí-

66

simo, vamos. La revelación me había impresionado tanto que había acabado con los ojos empañados, las mejillas en llamas, la boca seca... y las piernas en alto.

Mis años en la universidad no habían sido como los del colegio de monjas. Me había reconciliado (parcial y temporalmente) con mi cuerpo y tenía una vida sexual activa, pero mi visión del deseo seguía siendo algo borrosa. Y era así porque, cada vez que me acostaba con alguien, me arrollaban los miedos. Una vez más, de los más simples a los más profundos. Miedo a que se planteara la situación y no estuviera ni recién duchada ni depilada. Miedo a quitarme la ropa y no resultarle tan atractiva al otro como vestida. Miedo a que pensara que estaba gorda. Miedo a que me propusiera hacer algo que no quisiera y tener que decírselo. Miedo, en mis etapas sin pareja, a colgarme o enamorarme cuando veía clarísimo que no iba a ser correspondida. Ahora que lo pienso, ¡miedo a que me hicieran un *It Follows*! No a que me transmitieran una maldición que acabara de liberarme sexualmente, sino a que, después de acostarse conmigo, me dejaran tirada y desaparecieran. En definitiva, cada vez que me desnudaba, me avasallaban todos los miedos menos el único que me hubiera sentado bien: el miedo a no disfrutar, el miedo a no pasármelo bien yo.

Pero no era solo cuestión de miedo. Se le sumaba algo que también llevaba (y llevo) incorporado: un sentimiento de culpa tan intenso como abstracto. Me da más tregua que el miedo, pero también tiene un origen indeterminado y la capacidad de detenerme. No sé si de manera consciente o inconsciente, seguía (auto)censurando las decisiones y los impulsos que, al menos en mi cabeza, suponían ir demasiado lejos y perder el control de algún modo. Eso también me sigue pasando, y es muy angustioso: sentir que no lo puedo controlar todo —y va de la

67

ansiedad por llevar al día mis facturas a la frustración por no conseguir que los demás me traten como me gustaría— me deja bastante exhausta. El miedo, la culpa, la tontería. Todo me impedía acabar de soltarme y comprobar qué pasaba si ponía las cosas patas arriba... que es precisamente cómo acabé el día de *Trouble Every Day*. No lo sabría hasta unos años después, cuando se cruzó en mi camino *La posesión* (1981), la película que acabó de arrojar luz sobre mi idea del deseo, pero en realidad lo que estaba temiendo y censurando era todo lo que pudiera molestar o no gustarle al otro. En esto del deseo, mi maldición era pensar antes en mi amante que en mí.

La película de Claire Denis es una expresión extrema, distorsionada y ambigua del deseo. También del amor, pero ésa era una de las etapas de mi vida (ojalá hubiera habido más) en las que el amor romántico no era mi prioridad. *Trouble Every Day* no es demasiado sofisticada en sus metáforas, como sucede con tantas películas de terror que relacionan el despertar femenino (a lo que sea: a una nueva fase vital, al amor, al sexo, al deseo) con lo monstruoso. Qué más da, *Ginger Snaps* (2000), *Spring* (2014) o *Crudo* (2016) son valiosas por otras razones. Pero, de todas, la de Claire Denis es, junto a *El beso de la pantera* (1982), la que más me impresiona, la que siento más reveladora y auténtica.

Trouble Every Day cruza en París las historias de dos caníbales, encarnados por Vincent Gallo y Béatrice Dalle. No excluye el deseo masculino, pero la verdad es que —aun sabiendo que eran relatos complementarios— esa primera vez la historia de él me dio un poco lo mismo (no las veces posteriores, pues hay ahí también mucha tela que cortar). Sentada en el Auditori con

68

los pies congelados y los mofletes ardiendo, yo solo tenía ojos para Béatrice, tal vez la mujer que más me ha perturbado jamás en una sala de cine. Y la que más me ha atraído sexualmente. Quizá la aventura de Gallo, un hombre que cree amar a su esposa pero acosa y devora a otras mujeres, dé más juego. Pero a mí me sacudió la de ella, la de Coré, encerrada en casa por su marido para evitar así que salga, seduzca a otros hombres y se los coma. En la escena que provocó que se me salieran el estómago y el corazón por la boca, consigue burlar el rústico sistema de seguridad y seduce a un chaval que ha entrado a robar pensando que la casa está vacía. Tienen sexo y ella, literalmente, se lo come empezando por la boca, por la lengua.

A mí no me conmocionó la sangre. Ni siquiera los insoportables aullidos de Coré. Lo que me impresionó fue asistir, sin esperármelo, a una expresión tan libre, salvaje y radical del deseo de la protagonista. Claire Denis es única filmando los cuerpos, mostrando cómo se rebelan, se excitan, se atraen, se persiguen y se rechazan, pero estoy convencida de que su cumbre en ese sentido es *Trouble Every Day*. Allí estaba Coré, liberada del yugo del esposo, dándole al deseo sin importarle un pimiento su amante. ¿Que había ahí algo muy egoísta? Pues claro, pero, llevando como llevaba tanto tiempo pensando más en el otro que en mí, tenía todo el derecho a no darle demasiada importancia a ese detalle. ¡Que le dieran al ladrón! Total, ¡no hacía nada bueno en esa casa! Hay que entender que, en ese momento, lo más cerca que yo había estado de esa escena fue un día que me vino la regla haciéndolo y se puso todo perdido. Pero, lejos de desatar mi apetito, la reacción de mi novio lo frenó en seco.

Para empezar, el escenario de mi episodio sangriento fue bastante más prosaico. Lo de Coré sucede en una mansión de París destartalada pero misteriosa. Lo mío, en cambio, pasó en el piso de estudiantes de Gràcia que compartía mi novio de

69

entonces. Una morada también destartalada, incluso cochambrosa, donde el único misterio era lo increíblemente sucia que estaba siempre.

—Ay, ¿qué es esto? —me preguntó incorporándose en la cama de un salto y mirando las sábanas con absoluto espanto.

—¿Cómo que qué es? ¿De verdad no lo sabes? —le contesté todavía un poco desorientada.

—Claro que sé lo que es, pero... ¿por qué?

—¿Cómo que por qué? ¿Me estás hablando en serio?

—¡Mira cómo lo has puesto todo! —añadió con una sombra de enfado.

—Querrás decir cómo lo *hemos* puesto todo, ¿no?

—Jo, Desirée, sabes que no tengo lavadora, ¿cómo le voy a llevar estas sábanas a mi madre? Me podrías haber avisado. Además, eran nuevas —dijo tocando la tela con nostalgia, como si lo que le uniera a esas sábanas del Carrefour fuera más intenso que lo que lo unía a mí. Algo que, visto desde la distancia, era bastante obvio.

—¿Avisarte? Oye, que esto no son matemáticas, ¿eh? Viene cuando viene —le contesté, en ese punto ya más molesta que alucinada.

—Hombre, no. Sabes cuándo te tiene que venir, ¿no?

—Sí, claro, más o menos. Pero no la hora exacta.

—Joder, vaya lío.

Tendría que haberme levantado, vestido y luego ido. Pero me quedé. Y lo más excitante que hice esa noche fue sentarme a los pies de la cama, abrirme una Coca-Cola y disfrutar, a través de la puerta entreabierta del baño, de la imagen de mi novio lavando las sábanas con Fairy en calzoncillos. Estuvo más de una hora frotando, sentándose de vez en cuando en el váter para descansar. Estoy segura de que nadie en el mundo ha lo-

70

grado jamás lo que consiguió él aquel día: quitar a mano una mancha de sangre sin dejar un solo rastro. No volví a ver la joya de su ajuar. A partir de aquel día, cuando me quedaba a dormir en su casa, me recibía con unas sábanas de franela llenas de bolitas. Con ese panorama, cómo no iba a impresionarme Coré, ¿cómo no iba a desestabilizarme ver a una mujer desear con tantas ganas y con tan poca culpa?

No tardé demasiado en confesar lo sexy que me había parecido *Trouble Every Day*, el peso que me había quitado de encima al verla y el papel clave que tuvo en que me diera cuenta de que mi relación de pareja era un cuadro. Pero el día del cine, aunque sabía perfectamente lo que me había pasado, el éxtasis de la protagonista me dejó fuera de juego. En vez de salir de la sala triunfante y con la lección aprendida, lo hice dando tumbos hasta acabar tumbada en el suelo, con un colega aún más pálido que yo levantándome pudorosamente las piernas y con tres hombres de negro abanicándome con el programa de mano del festival.

8

La posesión

Miedo a la mujer que hace lo que le da la gana

—Me he comprado un vestido para lo del premio, en Zara. No sé si es excesivo, no sé cómo irá la gente —le dije a Carlo hace unos meses mientras preparábamos la comida.

—Hombre, te dan un premio, aprovecha y ponte algo que no llevarías en otras circunstancias.

—Ya, pero es que igual es un poco demasiado. ¿Me lo pruebo y me lo ves?

—¿Ahora? ¿Nos dará tiempo a comer? Es tarde y tengo que estar a las cuatro en un sitio —me contestó con miedo. Sabía que ese tipo de situaciones solían alargarse o acabar directamente en lágrimas (las mías, en concreto).

—Sí, claro. Voy rápido. Pero tienes que imaginarte que voy bien peinada y maquillada. Sin arreglar pierde bastante —le sugerí, como si hubiera alguna posibilidad real de que me visualizara con el look al completo.

Tres minutos después, cuando volví de la habitación con el vestido puesto, apagó el fuego, retiró la sartén y se volvió hacia mí. Vi entonces que su cara se descomponía en un segundo y expresaba el más absoluto terror.

73

—Ay, Carlo, ¡¿qué?! ¡¿Qué pasa?! ¡Estás blanco! ¡Ay, qué horror, parece que hayas visto un fantasma! —le grité nerviosa y avergonzada—. Lo sabía. Me queda fatal. Me hace gorda, ¿verdad? No sé por qué me compro cosas que en realidad no me atrevo a ponerme. Y no me atrevo porque, en el fondo, sé que me quedan fatal.

—Joder, Desirée, es que te has comprado el vestido de *La posesión*.

Cuando entré en Zara esa mañana, me deslumbró. Fue lo único que vi en una tienda de cuatro pisos saturada de gente y de ropa, la misma tienda de la que suelo irme sin nada porque me abruma ver tantas cosas y a tantas personas juntas. Pero ese día, me convertí en un personaje de *Están vivos* (1988) de John Carpenter, una sátira del capitalismo en la que los extraterrestres envían mensajes subliminales a los humanos para someterlos. El que me lanzaban a mí estaba claro: «Cómprate el vestido y corre». Tal y como atravesé las puertas automáticas de cristal, fui directa al vestido largo azul de la primera planta. Lo cogí, me lo probé y, sin plantearme ni siquiera si me quedaba bien, me lo compré.

Hasta que no vi la cara de Carlo, no caí en que podría ser perfectamente uno de los vestidos que lleva Isabelle Adjani en *La posesión* (1981) de Andrzej Zulawski. La primera vez que vi esa película pensé que la protagonista iba igual todo el tiempo, pero no. Anna lleva varios vestidos azules de corte similar pero con mínimas variaciones. El mío se parece mucho al que viste en una de las escenas más emblemáticas y brutales de la película, una que sucede en el metro. La tela es parecida y tiene el mismo largo, el mismo talle y el mismo tipo de mangas. En realidad, la única diferencia es que el mío, rizando aún más el rizo del mal rollo, lleva una lazada en el cuello. En la escena en cuestión, Anna empieza a gritar, a retorcerse y a arrastrarse por los pasillos del metro, completamente desérticos. Descalza y desencajada, como si estuviera poseída, baila una danza macabra que acaba con ella de rodillas, empapada y sangrando entre las piernas.

De pie en la cocina, con el vestido y las zapatillas de estar por casa, enfrente de mi novio aterrorizado, me di cuenta de lo perturbador de mi elección. Pero también de lo reveladora que era... aunque mi compra parecía haber sido producto de un hechizo. Había ahí un gesto inconsciente de reafirmación que agradecía y, al mismo tiempo, me ponía la piel de gallina. Me concedían un premio en un festival por mi contribución a la difusión del cine fantástico y de terror, y había decidido de manera inconsciente vestirme para la ocasión como la protagonista de la película de miedo que más me ha obsesionado nunca, la película que me hizo reaccionar cuando estaba anulada. También como mi personaje femenino favorito del cine de terror, el más atípico y extraño de todos, y como mi avatar de Twitter.

Es difícil explicar *La posesión*, sobre todo porque cambia cada vez que la ves. No porque cada vez que la veas te afecte de manera distinta y descubras cosas nuevas; eso, por suerte, sucede con muchas películas. Por motivos que escapan a la lógica, de una forma directamente esotérica, siempre es una película distinta. El año pasado, 2019, el Gran Premio Honorífico del festival de Sitges fue para Sam Neill. Al invitarle a elegir la película de su trayectoria que le gustaría que proyectáramos durante su estancia, no dudó en quedarse con *La posesión*. Por muchas razones, ese pase en el Prado, uno de mis cines favoritos desde que vi a Pam Grier hace un par de años ayudar a los operarios de sala a montar una tarima antes de una proyección

75

de *Jackie Brown* (1997), se convirtió en uno de los momentos más importantes de mi vida. Todo fue increíble. Fue increíble la presentación de Sam Neill, que no tuvo ningún problema en compartir hasta qué punto esa película le había partido por la mitad. Uno de sus recuerdos del rodaje era haberse encerrado a llorar en una habitación tras abofetear a Adjani —que le había animado a hacerlo al percibir su agobio y sus dudas— en una escena. Fueron increíbles la copia perfecta, el silencio total en la sala y las caras alucinadas de los que veían la película por primera vez. Y fue increíble el aplauso que recibió Adjani por su derrumbe físico y emocional en los pasillos del metro. Pero, de todas las cosas que pasaron esa mañana, una me llamó especialmente la atención y respalda mi tesis. Al salir y comentar la jugada, Carlo, mi amigo Marc Piñol y yo, que nos sabemos la película de memoria, coincidimos en habernos fijado en una escena que no recordábamos. No tenía nada que ver con la posibilidad de estar ante un montaje distinto: la escena que habíamos visto por primera vez no coincidía, era distinta para cada uno de nosotros. La que yo vi, o creí ver, seguía el agónico ascenso de la protagonista por unas escaleras derruidas que se oscurecían a su paso y no llevaban a ningún sitio.

La posesión es una película mutante, insondable, infinita, y es imposible resumir el argumento de forma objetiva y sin tener la sensación de estar tomando partido en alguna dirección. Básicamente porque, según la cuentes, te posicionas a favor o en contra de la protagonista. Y yo solo concibo ser del equipo de Anna. No siempre fue así, incluso alguna vez cometí el error de cuestionármela, hasta de juzgarla. Me costó más de lo normal entender que iba con ella, que tenía que ir con ella. También me costó entender por qué tenía la necesidad de ponerle *La posesión* a todos mis novios al principio de la relación, como un perverso ritual de iniciación al romance. Y aún más

76

me costó entender por qué todos, los buenos y los malos, habían entrado en pánico al verla.

Si hago el ejercicio de ser lo más imparcial posible, podría resumir *La posesión* así: en una ciudad europea fría y gris, una mujer joven (Isabelle Adjani), casada y madre de un niño pequeño, abandona el hogar familiar y le pide el divorcio a Mark (Sam Neill), su marido, un agente del servicio secreto. Al enterarse de que está con otro hombre, un artista extravagante y narciso (Heinz Bennent), el esposo reacciona fatal. Entran de la mano en una espiral de reproches, gritos y locura. Al poco tiempo descubrimos que Anna no solo está con el artista, sino también con una extraña criatura, sanguinolenta y deforme, con la que tiene sexo en un edificio abandonado. Ya solo el argumento deja bastante claro que *La posesión* es una película abierta a infinidad de lecturas e interpretaciones. He hablado y escrito mucho sobre ella, y la he recomendado un millón de veces. Sin embargo, nunca me he atrevido a analizar en profundidad sus imágenes y sus símbolos por miedo a quedarme encerrada en ella para siempre. Lo que sí he hecho —algo que descubrí hace solo unos años— es, a partir de cierta edad, proyectar en ella mis sucesivas relaciones sentimentales, usarla de oráculo para librarme de una que me estaba destrozando y, desde que salí de aquel infierno, tenerla siempre presente como recordatorio de lo que no quiero. En lo que a relaciones de pareja se refiere, la película de Zulawski ha arrojado más luz sobre mí que sesiones y sesiones de terapia.

La primera vez que vi *La posesión* tenía unos veintiséis años, salía con mi primer novio y no cuenta demasiado. Bueno, lo hace de otras maneras, pero no de ésta. Por entonces estaba perdida en una relación rutinaria y apática, en un romance largo que los dos manteníamos por inercia y porque no sabíamos

77

cómo acabarlo. Ver a Sam Neill y a Isabelle Adjani desgañitándose, gritándose y sacudiéndose era para mí como ver el Circo del Sol. El espectáculo era, por supuesto, infinitamente superior, pero a mí me resultaba igual de ajeno e incomprensible. ¿Cómo iba a proyectar mi aburrimiento y mi desgana en una película tan intensa, tan enojada, que está tan arriba todo el tiempo? Los personajes no solo no me representaban, sino que me parecían extraterrestres, seres de otro mundo que probablemente no existía y que, en caso de hacerlo, no iba a tener que visitar nunca. Pero ese universo de las relaciones enfermas —o una versión parecida— existía, y no me libraría de visitarlo unos cuantos años después.

La segunda vez que vi *La posesión* en pareja estaba en la treintena, la franja de edad que más invita a dinamitar de golpe las relaciones y a tomar decisiones sentimentales pésimas. Se había agotado una de las mejores relaciones que he tenido nunca, me había enamorado de otra persona y no sabía cómo resolverlo. Odié a Anna tanto como la odió mi novio de entonces. Y tanto como lo han hecho los novios que han venido después, poniéndose por defecto, aunque esté como una cabra montesa, de parte del marido y convirtiéndola inconscientemente en la única responsable del caos. Identifiqué en la protagonista de *La posesión* todo lo que quería hacer y no sabía cómo: salir de ahí, irme con otro, recorrerme la ciudad a pie y sin bolso, hacer lo que quisiera sin pensar en las consecuencias ni sentirme responsable de nada ni de nadie. Y, para negar mi miedo a activar todo eso y poder seguir en mi cómodo estado de agonía, la convertí en mala por infiel, por caprichosa, por histérica, por egoísta. Supongo que era más fácil frenar mis deseos censurándolos en Anna que darles rienda suelta (por miedo a que otros me criticaran como yo estaba haciendo con ella).

78

Durante años, en momentos espaciados en el tiempo, he hecho (y me han hecho) todas esas cosas: huir, engañar, hacer daño... No guardo buenos recuerdos de mis exabruptos sentimentales, pero tampoco me arrepiento o me siento culpable. Hice lo que quise o lo que pude. Y, por torpes que fueran, incluso equivocadas, el horror no lo conocí en esas huidas hacia delante: si huyes, es por algo. El terror lo conocí en una relación que vino después... y de la que salí en parte gracias a *La posesión*.

A lo largo de esa historia terrible, vi muchas veces *La posesión* y otra película de Zulawski, *Lo importante es amar* (1975), que en el fondo es lo mismo pero sin el monstruo. Vivía sola, y tenía la necesidad de ponérmelas una y otra vez, casi todas las noches, para olvidar las discusiones, las humillaciones y todo lo malo que me había pasado durante el día. Era un gesto compulsivo, como lo sería años más tarde comprarme el vestido azul de Anna. Tumbada en el sofá, completamente exhausta, me quedaba enganchada a esas películas hasta las tantas de la madrugada sin saber muy bien por qué me tranquilizaban, por qué me aliviaban. Y, por supuesto, sin tener ni idea de que buscaba e intuía en ellas las respuestas que necesitaba.

Cuando, inmersa en esa relación de locos, volví a ver *La posesión*, se desplegó ante mí una película completamente nueva. Como si me hubiera dado un golpe en la cabeza, como si estuviera amnésica, no recordaba haberla visto antes, aunque me la supiera de principio a fin. Estaba tan enganchada a la intensidad demente de mi romance que en esa etapa de mi vida sentí que la película de Zulawski, con sus gritos, sus zarandeos y sus explosiones de rabia y dolor, era un retrato realista de las relaciones de pareja. Las interpretaciones y reflexiones que, año tras año, había reunido sobre ella se habían desvanecido por completo. Solo quedaba la sensación de que *La posesión* era como la vida misma: podía reconocerme sin esfuerzo en sus imágenes alucinadas. Yo no había bailado como una posesa en los pasillos del metro ni me había desangrado de rodillas en el transbordo de la línea amarilla. Pero sabía perfectamente lo que era volver a casa en transporte público por completo descompuesta, fuera de mí, llorando, sintiéndome observada y con unas ganas de gritar que me moría. Tampoco me había autolesionado con un cuchillo eléctrico después de picar carne, como hace Anna en una escena en la que discute en la cocina con su marido. Pero sí había ido acumulando accidentes domésticos porque la perplejidad y el agotamiento me distraían y me dejaban sin reflejos. Llevaba las piernas llenas de morados porque estaba desorientada y no controlaba el espacio, y tenía marcas en la piel porque era raro el día que no me saltaba aceite al hacerme la cena. Tampoco me habían abofeteado como Mark a Anna en la escena que hizo llorar a Sam Neill ni me habían perseguido lanzándome sillas por el aire en una cafetería, pero estaba muy acostumbrada a las agresiones verbales y a que me montaran escándalos en sitios públicos.

En esa relación me dejaron colgada varias veces en la calle, en medio de la noche, a veces en ciudades que no eran la mía. Esto último es algo especialmente horrible, sobre todo cuando no tienes amigos en la zona que te acojan y no encuentras ni trenes ni vuelos nocturnos. También me humillaron e hicieron llorar en calles, parques, restaurantes, conciertos, cafeterías. Por eso me gusta mucho la escena de *La posesión* en la que Anna se cita con su marido en un café para pactar las condiciones de su separación. Adoro esa escena que arranca con la protagonista, una vez más vestida de azul, entrando decidida y segura en el local y acaba con un camarero, un cliente y dos cocineros reduciendo a Mark a la fuerza en el suelo. Y me encanta porque tiene algo de fantasía de cómo me gustaría que hubiera empezado y acabado una de las tantas situaciones horribles que viví con esa persona.

Hacía poco tiempo que nos conocíamos, pero ya había sacado a la bestia que llevaba dentro. De hecho, ni él tardó demasiado en hacerlo ni yo tardé mucho en darme cuenta del jardín en el que me estaba metiendo: en todo el tiempo que duró esa relación, supe lo que había, pero algo me impedía salir de ahí. A lo largo de muchos meses no sirvieron ni la terapia ni los consejos de mis amigos. Una noche, como celebración tardía de mi cumpleaños, me invitó a cenar a su restaurante favorito, un sitio de veteranos en el que le recibieron con un entusiasmo incómodo, como si fuera la persona importante que no era. Ojalá hubiera intuido que llegaría cruzado, pero como eso siempre era un misterio que se resolvía en el último momento y dependía de la cosa más arbitraria, me pilló con la guardia baja. El patrón siempre era el mismo. En su cabeza yo había hecho algo horrible, algo que en realidad nunca había sucedido y que, según él, se debía a que estaba loca y, sin tener yo ni idea de ese suceso fantasma, me reprendía con crueldad y adoptando la postura de la víctima. Si lo hubiera visto venir, habría hecho como Anna con Mark en la escena de la cafetería: sentarme en la mesa de al lado para evitar que me mirara a los ojos. Sobre todo porque, cuando lo tenía enfrente y había gente alrededor, era incapaz, por pudor, de responder a sus humillaciones gritándole toda la rabia que sentía.

Ese y tantos otros días también hubiera agradecido que la gente que había allí, otros clientes o el personal del local, le hubieran dicho algo al oír las barbaridades que me estaba soltando a gritos. Pero tampoco. No sé si se debió a que era un buen cliente o a que aún hay quien piensa que, si no hay violencia física, mejor no meterse, pero eso no sucedió. Nadie le dijo que bajara la voz ni censuró su performance paranoide ni

81

le increpó cuando empezó a insultarme. Ni siquiera le dijeron nada cuando salió como un rayo del restaurante y, como hace Mark en la escena de la cafetería, tiró a propósito varias sillas por el camino. Allí me quedé, con la cena recién servida, sintiéndome observada por las mismas personas que habían desviado la mirada cuando necesitaba su ayuda y tirándome de los pelos como Anna. En mi caso de forma metafórica (o igual no), pero con la misma desesperación. Me habían montado el número, me habían dejado colgada y agotada y, por si fuera poco, al minuto vino el camarero a dejarme la cuenta encima de la mesa.

Al miedo a no saber cómo gestionar todo eso se le volvió a sumar la culpa. Pensé que me lo merecía, que de algún modo era un castigo por haber engañado a mi novio en su momento con ese individuo. Una vez más, la mala era Anna, esta vez por infiel. Y volví a culparla simplemente por hacer con su vida lo que quería.

Meses después, cuando más perdida estaba, se quedó a dormir en casa María, una amiga que entonces vivía en Nueva York y estaba de paso unas horas por Barcelona. Al encender la tele, como el DVD de *La posesión* estaba siempre puesto, se dispararon las imágenes de Isabelle Adjani, completamente fuera de sí, intentando controlar sus manos, que se movían como si tuvieran vida propia y la necesidad de asfixiar a alguien y salir corriendo. Para variar, me quedé hipnotizada con la escena.

—¿Qué es esto? —me preguntó con curiosidad.

—*La posesión*, una película sobre la que tengo que escribir —mentí mirando nerviosamente hacia el televisor.

—¿Da miedo?

—Un poco. Pero no es de sustos, es otra cosa.

—¿Puedo verla?

82

—¿No prefieres salir o ver algo un poco más ligero? Es bastante rollo —mentí otra vez.

—No, no, está bien.

—Vale, mientras la ves, acabo una crítica que tendría que haber enviado hoy. Luego decidimos qué hacemos.

Cuando salí de la habitación, una hora después, ya la había quitado y estaba acabando de maquillarse.

—¿No te ha gustado? —pregunté intrigada.

—Uy, qué va. Seguro que está bien, pero no he podido con ella. Qué persona tan insoportable —dijo levantándose del sofá, poniéndose el abrigo y estirando el brazo para acercarme el mío.

—Hombre, la pobre no lo está pasando bien —contesté.

Y me descubrí hablando de Anna como si fuera una persona real, una amiga que la había cagado pero tampoco se merecía ese sufrimiento.

—No, ella es divina. El que es inaguantable es él. Qué tío más plasta. Que la deje tranquila.

¿Cómo había estado tan ciega? María no sabía demasiados detalles de mi historia, aún no había tenido ocasión de contársela. Con el pasotismo que la caracteriza, con esa habilidad suya que tanto admiro de huir sistemáticamente de las cosas en cuanto no las ve claras, me había señalado sin darse cuenta la respuesta que llevaba meses buscando en *La posesión*. El problema no era ella. El problema era él. Llevaba demasiado tiempo buscando en la dirección equivocada, intentando encontrar respuestas a mi angustia en la de Anna. De golpe todo tomaba una dimensión distinta que me gustaba y me sacudía.

A la mañana siguiente acabé con esa historia en la que el problema, como en *La posesión*, era él. Mejor dicho, acabé definitivamente con esa historia, pues los meses anteriores había

83

estado entrando y saliendo de ella como entra y sale Anna del hogar que había construido con su marido y su hijo. Ni siquiera la resaca, pues María y yo celebramos mi iluminación por todo lo alto (aunque ella no entendiera las razones de esa euforia repentina), impidió que liquidara esa relación de la forma más lúcida y tajante.

Tras horas y horas perdida en sus imágenes, por fin había dado con la interpretación de *La posesión* que me gustaba... y con la razón por la que todos mis novios la habían visto con sudores fríos al verse, de alguna manera, cuestionados. Si me ponía del lado de Anna, si en vez de observarla miraba a través de sus ojos y me dejaba contagiar por su desespero, se desplegaba ante mí una película sobre el miedo masculino a la mujer que se libera, que escapa de la esclavitud de los roles sociales y de pareja, que es infiel, que no censura el deseo y que hace con su cuerpo lo que le da la gana. Por eso Mark no la deja ir y la pone contra las cuerdas. Y por eso ella se desespera ante la continua exigencia de explicaciones, perdón y arrepentimiento.

En lo sentimental, *La posesión* me dejó claras tres cosas que, con más o menos suerte, intenté aplicar después de aquella relación infernal: huye de lo que no quieras, no le busques justificación a todo, no te culpabilices sistemáticamente y esquiva la exigencia de explicaciones. Anna lo hace. Se escapa, sale corriendo, deja atrás lo que no quiere aun sin tener claro lo que sí. Es tan libre que es capaz de recorrer las calles de una ciudad inmensa sin bolso. Parece un detalle insignificante, pero no lo es. Y me da una envidia que me muero.

Una noche, cuando estudiaba en la universidad, fui al lavabo después de clase y, al regresar al aula a por mis cosas, la habían cerrado con llave y no quedaba nadie en la facultad que pudiera abrirla. Viví el trayecto en metro de vuelta a casa, sin chaqueta y con la tarjeta que me había dejado una amiga en la mano, completamente aterrada. Me sentía desprotegida y vulnerable como si fuera desnuda, creía que todo el mundo me estaba observando y que iban a hacerme daño en cualquier momento. Mi cara de absoluto pavor recorriendo, en hora punta, el pasillo que conectaba la línea verde y la azul era la imagen perfecta de mi miedo a no tener en todo momento algo a lo que aferrarme. Era la doble estática y cobarde de Anna en la escena del metro. Hoy, aun con varias lecciones aprendidas, me pasaría igual. Por eso siempre llevo un bolso más grande que yo, por eso vuelvo a menudo a *La posesión*, por eso pienso tanto en Anna.

9

La semilla del diablo

MIEDO AL EMBARAZO

Podría contar mis dos embarazos con escenas de películas de miedo, hasta el punto de confundirlas con recuerdos reales. Dudo que exista un género que haya explicado mejor lo que nos pasa por la cabeza —también a los que nos rodean, que suele ser bastante más delirante— durante los meses de gestación. También lo que le sucede a nuestros cuerpos, que puede ser encantador en las etapas más amables del embarazo y en el recuerdo, pero un drama en otras. Caras deformadas, vientres pateados desde dentro, labios que parecen (mal) operados, retención de líquidos, piernas hinchadas, pies como botas, hemorroides... es evidente que las películas de miedo han encontrado en el embarazo un festival de imágenes perturbadoras. David Cronenberg ha cogido de ahí lo que ha querido. Una de las imágenes del cine de terror que más me han perturbado nunca es la de Nola (Samantha Eggar), la protagonista de *Cromosoma 3* (1979), sentada entre cojines, abriéndose una túnica blanca y poniendo al descubierto su vientre. Un vientre del que cuelga un saco deforme, como si la bolsa amniótica, sucia y viscosa, hubiera decidido ir por libre, atravesar el abdomen y salir al exterior.

Es una película que, entre otras cosas, habla de la maternidad, de la que da una visión muy poco amable. No hay que hacer muchas conjeturas para llegar a esa conclusión. Pero para

87

mí fue muy distinto verla antes y después de ser madre. Obviamente, antes de tener hijos, entendía el mensaje. Pero ni era consciente de todos sus significados ni sabía que la imagen de esa madre monstruosa, con los brazos arriba y el saco amniótico con el bebé dentro al aire, además de trastornarme, se instalaría en mi inconsciente para reaparecer a traición cuando menos me lo esperara. Y regresó justo cuando la maternidad era escandalosamente inminente: mientras la anestesista se disponía a ponerme la epidural en mi primer parto. Yo estaba sentada en la camilla como Nola, en postura india, pero con la bata abierta por detrás en vez de por delante. Y, aunque mi barriga no era un despropósito como la suya, las contracciones eran tan bestias que empecé a verla como algo ajeno a mí, como un bulto que estaba empeñado en ponerme las cosas muy difíciles.

—¿Estás cómoda? —me preguntó la anestesista aun sabiendo que no lo estaba y que ya no podía soportar más el dolor.

—No. Me duele mucho, me duele muchísimo. ¿Cuándo vas a drogarme?

—¿Cómo a drogarte?

—¿Que cuánto vas a tardar en pincharme y cuándo me va a hacer efecto? —le contesté desesperada.

—Una vez que te pinche, será rápido. Cuéntame de qué trabajas mientras te coloco todo esto para poder ponértela —me dijo a la vez que me enganchaba una pegatina gigante en la espalda.

—Soy periodista y crítica de cine.

—¿Ah, sí? Qué chulo, ¿no? ¿Y sales en la tele?

—Sí, pero en un programa de cultura. No lo ve casi nadie. Lo dan entre semana a una hora muy mala.

—¿Qué programa? —preguntó visiblemente decepcionada con mi respuesta.

—Se llama *Página Dos*, es de libros. Está muy bien, pero no lo ve nadie.

88

Dejó de hacer lo que estaba haciendo con mi espalda y se asomó para mirarme a la cara. Me dedicó dos segundos, sin pestañear ni decir nada, y volvió a lo suyo.

—¿Tú eres la que sale sentada en un cine hablando con el presentador de gafas? —me dijo sorprendida—. Parece supermajo.

—Sí, soy yo. Y Óscar. Es muy majo, sí —le contesté con los dientes apretados en un intento fallido de soportar el dolor.

—Madre mía, no pareces la misma —me soltó.

En ese momento me vino la imagen de *Cromosoma 3* y me impactó más que nunca. Lo que le pasa a Nola es producto del psicoplasma, una práctica terapéutica que consiste en convertir los miedos de los pacientes en mutaciones corporales. En ese bulto se proyectan los traumas y la ira de la protagonista. Y de él saldrán unos seres monstruosos, medio niños y medio engendro, que asesinan a las personas que la enfadan. A mí no me estaban sometiendo a ningún experimento, pero el recuerdo de esa imagen me inyectó un montón de miedos. De un lado, el miedo a la transformación física, a no reconocerme, a no identificar mi propio cuerpo, al que había contribuido la enfermera diciéndome que no parecía la misma. De otro, el miedo a estar a un paso de empezar a proyectar mis terrores tanto en el bebé como en el exterior.

Las películas de miedo están llenas de representaciones así, saturadas de imágenes que parten de las brutales alteraciones físicas y psicológicas a las que estamos expuestas durante unos nueve meses. Y es probable que los autores de muchas de esas imágenes ni siquiera sean conscientes de su alcance. Quizá no sea normal verse en esa viñeta de *Cromosoma 3*, pero los dolores de parto pueden hacer que te identifiques hasta con *Transformers* (2007). Y quizá no haya tantas imágenes sobre el tema igual de radicales que la de la película de Cronenberg. Pero, de un modo más o menos sutil, la brutalidad de los cambios corporales y mentales durante la gestación cruza la historia del cine de terror. Es probable que una embarazada no se proyecte en *Cromosoma 3* por pura supervivencia, pero dudo que no lo haga en *La semilla del diablo* (1968).

De manera retrospectiva, me proyecto en el progresivo demacre de Rosemary (Mia Farrow), su protagonista, cada vez más cansada, cada vez más pálida y ojerosa, cada vez más oruga cuando se supone que una embarazada tiene que acabar convirtiéndose en una mariposa bella (y gorda). Cuando estás preñada, incluso el día que objetivamente estás más horrorosa hay alguien que te dice que estás preciosa. Es curiosa la capacidad de la barriga para distorsionar la vista y el buen gusto ajenos. La mala cara de Rosemary no tiene nada que envidiar a la de un altísimo porcentaje de preñadas, sobre todo cuando trabajamos hasta el último momento, porque, si tenemos la desfachatez de coger la baja, corremos el riesgo de volver y que nuestro trabajo ya no exista o lo ocupe otra persona (un hombre o una mujer que no tenga previsto embarazarse). No tardas en descubrir —y el cine de terror lo caló antes que nadie— que el tópico de que las embarazadas están guapas, radiantes y serenas no es cierto. Son demasiados los factores internos y externos que te quitan la calma y te alejan del ideal de la preñada sonriente, con el morro pintado y acariciando todo el tiempo su barriga.

La semilla del diablo siempre será la película de terror en la que visualizo con más claridad mis dos embarazos. Me fascina comprobar cómo reproduce los miedos previos al parto; porque después vienen otros, también inspiración de muchas películas de terror. Es muy difícil hablar de Roman Polanski sin

90

tener en cuenta cuestiones extracinematográficas. He pensado mucho en ello y me ha costado discusiones y luchas interiores, pero sería deshonesta si no admitiera que, para mí, tiene algunas de las películas que mejor han hablado de las psicosis, las neurosis y los miedos femeninos: *Repulsión* (1965), *La semilla del diablo* y, en un código distinto (o quizá no tanto), *Tess* (1979). Me traicionaría si renegara de películas en las que me he visto sin querer verme, en las que me he visto y he reaccionado, en las que he visto quién soy y en las que he visto quién no quiero ser.

No solo me descubro en la lividez de Rosemary, sino en muchas otras cosas, de las más triviales a las más complejas. Como ella, en mi primer embarazo (en el segundo me dio todo un poco igual) sufrí el síndrome del nido. Si ella se obsesiona con que todo esté en orden en su recién estrenado apartamento de lujo de Manhattan, yo lo hice con que la buhardilla de cuarenta metros cuadrados del Eixample donde vivíamos entonces estuviera perfecta para la llegada del bebé. Es la época de mi vida en la que más veces he ido a Ikea y en la que más compras absurdas he hecho. Eso es algo terrible para alguien incapaz de desprenderse de los objetos que asocia a recuerdos importantes. El cambiador de Elliott y Nico es ahora un estante para toallas. La bañera de viaje, un cubo para la ropa. Y el día que una amiga me contó por teléfono que había vendido en Wallapop las cosas que ya no usaba de sus hijos, tuve que dejar el iPhone en el suelo y tumbarme boca arriba para poder respirar. Pero, sobre todo, identifico con una claridad aterradora el *crescendo* de paranoia que experimenta Rosemary según avanza su embarazo.

Cuanto más barrigona, más dudas me entraron y más desconfiada me volví. No es que sospechara que, como Rosemary, había sido inseminada por el diablo. Ni que creyera que llevaba en el vientre a su hijo. Pero ambas conjeturas funcionan muy bien como reflejos siniestros de lo extraño y, en cierto sentido, de lo abstracto que se volvió todo para mí llegado un punto.

Durante el embarazo de Elliott, mi primer hijo, revisé por trabajo *La semilla del diablo*. Me la sabía de memoria, pero jamás imaginé que, en ese momento, la sentiría casi autobiográfica. Me obsesioné tanto con que era una metáfora de mi embarazo que me tiré el festival de Sitges de 2013 esquivando el póster de esa edición y evitando las sugerencias de hacerme una foto delante. En el afiche, el carrito de bebé de *La semilla del diablo* ardía a los pies de la iglesia del pueblo. Buen póster, mal *timing* para mí. A todo el mundo le hacía una gracia tremenda que una tía con un bombo de siete meses posara delante, pero a mí me daba un miedo atroz. Temía que, al acercarme, se me pegara algo, que los paralelismos entre la película y mi vida acabaran de concretarse. El pensamiento mágico con el que convivo a diario se me disparó. Me devoró la superstición. Corrí peligrosamente delante del póster. Toqué más madera que nunca. En aquella época ya era del equipo del festival, y recuerdo que le pasé a un compañero una rueda de prensa que tenía que moderar porque sabía que había un atril con el póster y en esa sala el mobiliario era de plástico. Entre las carreras y las palmadas a árboles y puertas conseguí que la metáfora no se volviera real, pero aun así la película de Polanski me venía constantemente a la cabeza porque, por razones muy distintas, tenía la sensación de estar haciéndome las mismas preguntas que Rosemary: ¿quién soy? ¿Quién es el padre de mi hijo? ¿A quién llevo en el vientre? Aunque en ese momento era más una sensación, un arañazo en el estómago, que un interrogatorio consciente, las dudas sobre la identidad (otro tema clave del cine de terror) me asediaron durante el embarazo.

Cuando aludo a la perplejidad sobre quién era el padre, no me refiero a no tener clara su identidad. Yo la sabía. Me refiero a preguntarme si conocía lo suficiente a la persona que tenía al lado para meterme en ese jardín con él. La forma en la que Rosemary mira a Guy Woodhouse, su marido, como si fuera un desconocido, incluso un impostor (¡qué hermosa broma que el personaje de John Cassavetes sea un actor de poca monta!), es la representación chiflada de una sensación menos exótica de lo que parece. La mirada de Rosemary capta a la perfección cómo el embarazo intensificó en mí una sensación que ya había tenido en otras relaciones. Son esos momentos, a menudo inesperados e instantáneos, en los que miras al otro y no sabes si estás con él por cómo es o porque le has adjudicado la personalidad que en ese momento te venía bien. Es esa cosa de no saber si estás queriendo o proyectando, un dilema tan sutil como incómodo que, cuando se sostiene demasiado tiempo, suele acabar en crisis o ruptura.

Durante el embarazo de Elliott vivíamos en un quinto, casi un sexto, sin ascensor. Recuerdo llegar a casa ahogada, encontrarme a mi novio y preguntarme: «¿Quién es éste?». Cuando decidimos tener un hijo, no hacía mucho que nos conocíamos. Lo normal es pensar que la razón de mi perplejidad era ésa: es asombroso descubrir lo sobrevaloradas que están las relaciones largas. No tenía nada que ver. De forma más o menos consciente, he sentido la misma perplejidad en relaciones cortas y largas, con chicos a los que acababa de conocer y con otros con los que llevaba tiempo conviviendo. Pero esa sensación abstracta nunca fue tan fuerte como durante mi primer embarazo. Y tenía que ver con lo extraño que se volvió todo, con lo difuso que se me reveló el exterior el día que fui consciente de que estaba haciendo algo tan loco como crear vida yo sola. La contrapartida fue que esas dudas resultaron más efímeras que nunca. Básicamente se desactivaron en cuanto parí. Igual no tenía del todo claro quién era mi novio, pero dejó de preocuparme cuando nació el bebé. Con que se partiera las noches conmigo para cuidarlo y me garantizara unas horas de sueño, tenía suficiente. Pero hubo otras incertidumbres en torno a la identidad.

Las dudas sobre el bebé, sobre cómo sería y qué querría de mí, me asaltaron ya muy avanzado el embarazo. Pero antes llegó otra con la que aún convivo, que se transforma y va mutando según crecen mis hijos: ¿quién soy yo ahora? Es curioso que un comentario tan tonto como el que me hizo la anestesista al ver que no tenía la misma cara en la tele (y pintada como una puerta) que a punto de parir puede tener tanto sentido: «No pareces la misma». Hasta el último tramo del embarazo no pensé en eso. Mi vida era bastante igual que antes del predictor y estaba entre muy entretenida (el trabajo, los preparativos) y muy alucinada (los cambios físicos, las ecografías). Pero al ver que mi entorno se transformaba —y deformaba— según crecía mi barriga, empecé a plantearme quién era yo. No me refiero a sentirme anulada o negada, algo que no me ha pasado nunca en relación con la maternidad. Me refiero a descubrir que iba a empezar a relacionarme con el mundo de otra forma, que había nuevos miedos al acecho y que, como Rosemary, iba a tener que afrontarlos sola... porque, aunque estuviera acompañada, iban a ser solo míos.

94

10

Prevenge

Miedo a no explotar

Me obsesionan las películas de miedo que buscan el espanto en la relación entre el feto y la madre, especialmente si es primeriza y vive el embarazo aterrada. Hay mucha verdad en ellas, aunque estén formuladas desde lo disparatado y lo espeluznante. Los bebés de *Baby Blood* (Alain Robak, 1990) y *Prevenge* (Alice Lowe, 2016), dos películas muy distintas, dan órdenes criminales desde el vientre. Uno, que hay que aclarar que no es exactamente un bebé, pide sangre para alimentarse y la otra, pues se explica que es una niña, clama venganza. Y sus sacrificadas mamás no conciben otra cosa que obedecerles. A mí eso no me ocurrió, pero en la fase más avanzada de mis embarazos establecí una relación de dependencia rarísima con mis bebés.

Intuyo que se debió a dos razones. Una es compleja: desarrollé un miedo atroz a la pérdida que empezó con un predictor y ahora sé que no desaparecerá jamás. Necesitaba sentirlos. No nutrí a mis futuros hijos con sangre humana ajena, pero me atiborré a zumos y chocolate para que se movieran cuando no los notaba. Les di tanto azúcar que llegué a pensar que nacerían obesos o que, cuando les salieran los dientes, los tendrían picados. Si el atracón no funcionaba, me iba a urgencias con la excusa de encontrarme mal y la esperanza de que me pusieran las correas para escucharles. También porque lo de las correas me generaba cierta excitación. El aparato en sí no es muy sofisticado. Son, tal cual, unas correas que se colocan en torno al vientre de la madre con unas sondas que registran la frecuencia cardíaca del bebé. Pero me encantaba escuchar el latido a todo trapo, como si una horda de zombis avanzara por el pasillo hasta mi habitación y supiera que, al verme así, se apiadarían de mí. Y fantaseaba tumbada en la camilla con que, cuando la enfermera se fuera, mi bebé me diría algo por los altavoces. Viví muy mal las veces que fallé en el *acting* y me mandaron de vuelta a casa nada más verme la cara, de lo que deduzco que igual era la única zumbada que pensaba que su hijo le hablaría con un megáfono desde el útero, pero no la primera que iba a urgencias cuando tenía la necesidad de oírlo.

La otra razón de esa extraña dependencia tuvo que ver con que —si eso es posible— creo que compartí con mis fetos las cosas que me molestaban y era incapaz de contarle a otros. Llegó un momento en el que la única explicación que podía dar para justificar mi hipersensibilidad al exterior, mis cambios de humor y mi vulnerabilidad era que estaba embarazada, y la única persona que creía que me entendía estaba en mi barriga. Hace poco, un amigo me dijo que su novia había sido poseída por la maternidad. Me encantó su visión de la maternidad como una posesión: es muy acertada. En los dos casos hay caras hinchadas, comportamientos bipolares, momentos de levitación y otros en los que echas espumarajos por la boca. Y en ambos casos peligra tanto tu integridad física como la emocional. De hecho, aunque para mucha gente se trate de un aborto, la escena del metro de *La posesión* tiene algo de mal parto. Ya he vuelto otra vez a esa película inmensa. No es su tema principal, pero la maternidad también está ahí. El momento en el que Isabelle Adjani, tomada por toda la desesperación y todos los males del

96

mundo, estalla en el metro está claramente en un terrorífico intermedio entre la posesión y el alumbramiento.

Mi colega me explicó su situación enfadado pero resignado. Contaba que su novia se había vuelto insoportable, pero que no podía decirle nada porque ella tenía un argumento imbatible: «¡Estoy preñada y te callas!». Y la verdad es que lo tenía. Recordé entonces esa sensación, esas ganas de tramar con mis bebés un plan para arrasar con todo, y pensé en lo cobarde que había sido en mis embarazos. En vez de refugiarme en la complicidad silenciosa (y unidireccional) de mis fetos, debería haberle sacado más partido a la posesión. Debería haberme quejado de lo que me diera la gana sin sentirme culpable... «porque estaba preñada y te callas». E igual, sin llegar a la sangre, más que en mis cómplices, debería haberlos convertido en mis socios para hacer todo lo que me hubiera gustado y no tuve el valor.

En septiembre de 2016 ingresamos a Nico con bronquiolitis. Mi bebé tenía quince días y se ahogaba. Y yo, que acababa de dar a luz, me estaba desangrando viva. Hospitalizar a un hijo es durísimo, y pasar por eso con el cuerpo del revés y martirizada por los cambios hormonales no ayuda. Por razones evidentes, ese año no pude ni trabajar en Sitges ni asistir como público. Era la primera vez en más de veinte años que hacía campana. Meses después, al recuperar poco a poco las películas del festival que no había podido ver, tuve una revelación que me impresionó: justo el año de mi ausencia habían pasado cosas muy importantes en el cine de terror. Mientras yo lidiaba con mis miedos en el hospital, otras mujeres estaban contando los suyos en sus películas. Amé esa coincidencia porque me pareció emocionante y me hizo sentir infinitamente menos sola. En esa edición se proyectaron *The Love Witch* (Anna Biller, 2016),

97

Crudo (Julia Ducournau, 2016) y *Prevenge* (Alice Lowe, 2016), tres de las mejores películas del género de los últimos años. También tres películas clave de un nuevo cine de terror hecho por mujeres que hablan de lo que les preocupa, que es también lo mismo que me preocupa a mí, con una honestidad y una osadía extraordinarias. Sentí que esas películas eran una reacción a demasiados años de silencio, de expresiones veladas, de confesiones solo a medias.

Vi *Prevenge* en casa por placer una mañana que me organicé bien con el trabajo. Elliott ya iba a la guardería y Nico dormía. Fue una velada solitaria pero, de algún modo, épica. Y me alegra haberla visto a solas porque así pude asentir con gestos, aplaudir cada dos escenas y reírme como una histérica sin sentir ningún tipo de pudor. Quizá no sea la más perfecta de las películas recientes escritas y dirigidas por mujeres, pero sí la que me interpeló de manera más directa. La propuesta de Alice Lowe no solo hablaba de mí, sino que además lo hacía en mi idioma. Era contundente explicando lo que explicaba, pero con un sentido del humor maravilloso. Hacía muy poco que había parido por segunda vez, y en mis años dedicados a engendrar había tenido mucho tiempo para buscar mi reflejo en varias películas de terror con embarazada. Pero de golpe estaba ante una comedia negra en la que no tenía que rascar las metáforas porque, si quitaba la parte de los asesinatos, si obviaba el detalle de que la protagonista se carga a todo el que pilla a sangre fría, muchas de las cosas que le pasaban también me habían pasado a mí. *Prevenge* es la historia de Ruth, una embarazada cuyo bebé le habla desde el útero y le ordena que asesine al culpable de la muerte de su novio. La premisa es un disparate, por supuesto. Pero su autora, que estaba embarazada de ocho meses cuando rodó la película y también encarna a la protagonista, convierte su delirante relato criminal en una crónica ajustada del lado menos amable del embarazo, tanto de los cambios

98

físicos y psicológicos que te sacuden como de las estupideces y de las injusticias que tienes que aguantar cuando te quedas preñada.

Cuando vi *Prevenge* estaba enfadada porque uno de los medios para los que colaboraba había decidido prescindir de mí después mi segundo embarazo. Nadie me llamó para comunicármelo, pero lo supuse porque la misma persona que me dijo que estuviera tranquila y que descansara cuando me hospitalizaron unos días durante el último mes de gestación dejó de responder mis mails cuatro meses después. Pensé que me contestaría cuando acabara de escribir todos sus artículos sobre mujeres creadoras injustamente olvidadas, pero nunca lo hizo. Me enfadé mucho, pero no me pilló por sorpresa porque era la segunda vez que me ocurría. Mi principal fuente de ingresos se desvaneció estando embarazada de siete meses de mi primer hijo. Esa vez fue peor porque, además de quedarme sin un duro y sin la explicación de quien tenía que dármela, tuve que soportar que un desconocido con la frente sudada me confirmara la noticia mirándome con paternalismo y prometiéndome una solución a corto plazo que, por supuesto, nunca llegó. Ni a corto ni a largo. Al ver *Prevenge* me quité un peso de encima. Por eso sentí la redención de Ruth como si fuera mía. Y pensé que ojalá en esos momentos me hubiera llegado a mí también desde el útero la consigna de mandarlos a la mierda, como le llega a Ruth la orden de pulirse a la mujer que le niega un puesto de trabajo por estar embarazada y encima le suelta: «Permítame un consejo, no deje que le afecte mucho todo eso de la maternidad».

A pesar de su crudeza, es una película hermosa que utiliza el terror para acabar con la idea del embarazo como algo perfecto; también para poner en evidencia lo insólito y exótico que es

99

para el exterior todo lo que atenta contra esa imagen román-
tica. Antes de mirar el historial de su paciente, la doctora que
lleva el embarazo de Ruth le pregunta a qué se dedica su pareja. Y es totalmente incapaz de actuar con normalidad al enterarse de que ha perdido a su novio y tendrá a su hija sola. Aviva
así el impulso criminal de la protagonista sin querer: «Actitud
positiva, al fin y al cabo ahora lleva este milagro de la naturaleza en su interior, el bebé sabe lo que tiene que hacer y le
dirá a usted lo que tiene que hacer», le suelta. Qué jugada tan
maravillosa. Con esa escena en la consulta también aplaudí sola
en el sofá, pero sintiéndome muy acompañada. La frase que le
dice la doctora no es distinta de otros comentarios que te hace
la gente cuando te ve embarazada, tipo «Ahora lo único importante sois tú y el bebé». Si supieran que así alimentan a la bestia
y potencian la alianza excluyente entre madre e hijo manten-
drían la boca cerrada.

En esa escena está todo, y Lowe lo dinamita con una potencia irresistible. Ahí están una visión conservadora de la gestación y la maternidad y, en consecuencia, una torpeza social que,
sinceramente, yo no me esperaba cuando me quedé preñada.

—Anda, ¿estás embarazada? —me dijo un conocido al que
me encontré en un concierto.

Estaba de siete meses. Me molestó que, en vez de afirmarlo,
quizás un poco sorprendido, lo preguntara. ¿Eso quería decir
que me había visto así de gorda antes?

—Pues sí. A punto de explotar —le contesté acariciándome
la barriga y con más amabilidad de la que mi interlocutor merecía.

—¡No sabía que tenías novio! ¿Quién es el padre? —Ni él
ni yo dábamos crédito, pero por razones distintas.

—El Espíritu Santo.

No soy así de borde. De hecho, soy patológicamente amable y eso me ha paralizado muchas veces en muchas facetas de

100

mi vida. Pero no podía creer que eso estuviera pasando. ¿Qué clase de energúmeno le pregunta a una mujer embarazada de treinta y cinco años quién es el padre de su hijo? O a una mujer de veintitrés, porque es igual de ofensivo. Ruth se lo habría cargado. Lo más fuerte es que no fue un episodio aislado. Cuando me quedé embarazada de Elliott, solo llevaba tres meses con mi novio. Jamás hubiera imaginado que una parte importante de mi entorno alucinaría tanto y gestionaría tan mal su sorpresa. Era una mujer adulta y creía conocer bien tanto a mi familia como a mi círculo de amigos. Por eso fue muy chocante descubrir que los primeros recibieron la noticia con más naturalidad que los segundos... igual porque daban por hecho que no tendría hijos y les hizo una ilusión tremenda. Pocos amigos, en cambio, pudieron disimular su asombro; un par incluso me preguntaron si estaba segura de lo que había hecho: «¿Me lo dices en serio? Que me he quedado embarazada, no me he comprado un iPhone».

Me emocionó que Alice Lowe arrasara con tanta gracia y con tanta contundencia con esas actitudes conservadoras que aún se arrastran, que asombran y que duelen. No es la única. En el corazón y en el estómago de muchas películas recientes de terror hechas por mujeres está la intención de desactivar esos prejuicios y malos hábitos. Eso y otras cosas, como la presión que sentimos cuando nuestra maternidad se pospone (sea por decisión personal o porque no puede ser de otra manera) o cuando decidimos no ser madres. *Prevenge* es solo una de esas películas, pero le tengo un cariño especial porque fue la primera que me sacudió de verdad. Porque la imagen de la protagonista vestida de rojo, maquillada como un esqueleto, con el barrigón y un cuchillo en la mano me puede. Y porque incluye una escena que me puso la piel de gallina al activar mi identificación con tanta claridad. En ella, Ruth, tumbada en la cama, tiene una revelación mientras ve en el portátil el alucinante prólogo del melodrama criminal *Crime Without Passion* (1934), en el que las Furias, diosas de la venganza, despliegan toda su ira sobre la ciudad de Nueva York. Del mismo modo que ella encuentra respuestas y comprensión en esas imágenes, yo las encontré viendo la película de Alice Lowe.

II

¿Quién puede matar a un niño?

MIEDO A EXPLOTAR

—Carlo, ¿quieres salir del lavabo? —le pregunté unos tres cuartos de hora después de que hubiera entrado. Sabía que estaba bien, al menos que seguía vivo, porque le oía toser y abrir el grifo de vez en cuando.

—No —me contestó con un chorro de voz prácticamente imperceptible.

—Sal, en serio, que estoy bien.

—No, algo va mal. Tenemos que ir a urgencias. Si salgo, vamos a urgencias.

—¿Pero cómo vamos a ir a urgencias porque el bebé se mueva? Van a pensar que estamos locos. Además, es supertarde y hace mucho frío —le calmé sentada en el suelo del pasillo.

Eran casi las doce de la noche de un domingo de mediados de diciembre, y las temperaturas se habían desplomado de golpe.

—No, vamos a mis urgencias. A las mías. Al ambulatorio de Manso. En serio, me encuentro fatal —me contestó.

Al segundo le oí vomitar.

Mi novio nunca sintió una fascinación especial por mi barriga durante mis embarazos, no tenía la necesidad de acariciarme el vientre de forma compulsiva. Nunca me supo mal. Al contrario, fue liberador. Me inquieta la gente que toca la panza de las preñadas para que les dé buena suerte. Y lo hacen aun más las parejas que dejan testimonio gráfico de esa atracción con un clásico de la fotografía hortera: el posado sin camiseta abrazando por la espalda el vientre de la embarazada. Pero, unos días antes de tener a Elliott, cuando más espectaculares eran sus patadas, le pedí a Carlo que mirara un momento mi barriga. Había pasado de poner, meses atrás y por sugerencia mía, la mano en mi panza para sentir cómo se movía el bebé (y probablemente simular que lo había notado sin que fuera verdad) a ver un vientre con vida propia que se meneaba como si hubiera una fiesta dentro y del que parecía que iba a salir un puño ensangrentado de un momento a otro. Nunca pensé que le impresionaría tanto. De haberlo sabido, le habría ahorrado el mal trago del baño. También el del ambulatorio... porque allí acabamos, yo con el abrigo encima del pijama y él con un diazepam debajo de la lengua.

—¿Estás mejor? —le dije al verle salir del box, blanco como la pared.

No tenía buena cara pero, aunque fingí preocupación en ese momento, media hora después de que le llamaran por megafonía, yo ya había pasado a la siguiente pantalla y estaba inmersa en un nuevo drama. Estaba aterrorizada por la posibilidad de que mi bebé hubiera absorbido todos los virus de la sala de espera.

—Yo sí, solo cansado. Pero tú no —me contestó nada más verme la cara—. ¿Qué te pasa?

—Que tendría que haberte esperado fuera —le contesté llorosa, crujiéndome los nudillos.

—¿Pero cómo fuera? Pero si hace un frío que te mueres.

—Ya, pero la sala de espera era un cuadro. Había una mujer con una tos de perro horrible y ahora me da miedo haber pillado algo. ¿Qué hago? ¿Pido que me vean ya que estamos aquí? ¡No puedo tomar nada estando embarazada! Joder, qué mal.

—Ay, Desirée, vámonos —me dijo totalmente abatido.

Sabía que acababa de cerrar un drama para abrir otro que iba a darnos el viaje de vuelta: la paranoia infecciosa.

Aun así, en el taxi de vuelta —que nos costó una hora encontrar— no permití que ese miedo le robara protagonismo a lo que nos había pasado. El día de la barriga y el diazepam es importante para nuestra historia. Creó un momento clave de comunión entre nosotros. De algún modo, aun en versión de baja fidelidad, Carlo debió de experimentar un miedo parecido al que sentí yo al final del embarazo. Un miedo que no me esperaba y hasta hoy no había compartido: un miedo brutal al daño físico, a romperme literalmente, a explotar en pedazos y convertir el salón de mi casa en una carnicería. Sabía que no cargaba un monstruo en el vientre porque llevaba casi diez meses hablando con mi bebé y no había notado nada raro, pero, cuando se daba la vuelta en mi interior y parecía que iba a rajarme la barriga con el talón o con el codo (nunca supe si era una cosa u otra), llegaba a dudarlo. Hay algo superanimal en los días previos al parto, algo casi tan solitario y salvaje como el alumbramiento en sí mismo.

Sigo esperando, y sé que ocurrirá, que una directora reproduzca esa sensación. Hay varias películas de terror en las que la criatura (no siempre un bebé) destroza por dentro el vientre de quien la lleva. Desde que soy madre, aunque la intención de sus respectivos autores no tenga nada que ver, tiendo a interpretarlas como una metáfora de ese miedo. Pero siento que en la mayoría de los casos es un reflejo a medias, que muchas de esas películas reducen a un simple impacto, a veces una escena loca y sangrienta sin contexto, un terror que en realidad es muy complejo y toca muchas teclas: la sensación de extrañeza durante el embarazo, el miedo a lo desconocido, la certeza de que los cambios físicos van en serio. Para hacer una película sobre algo no tienes por qué haberlo vivido, pero, si has estado embarazada y has parido, tienes valiosa información adicional para reproducir la mezcla de impresión, vértigo y dolor que sientes cuando el bebé parece haber cambiado de planes y decidido salir antes, por sus propios medios y rompiéndote la barriga.

Aun así, hay al menos dos películas dirigidas por hombres que representan ese miedo de forma brillante: *Alien, el octavo pasajero* (1979) y *¿Quién puede matar a un niño?* (1976). En la primera cuesta más detectarlo porque la acción pasa en una nave espacial, hay marcianos y la víctima es un señor, el oficial Kane (John Hurt), reventado violentamente por dentro por un extraterrestre. Pero yo ahí veo ese miedo. Aunque la inspiración de Dan O'Bannon, su guionista, no fuera un parto, sino los terribles dolores abdominales que sufría porque tenía la enfermedad de Crohn, siento que la escena expresa muy bien el pánico a estallar desde dentro. Ridley Scott fue más allá que yo cuando le dije a Carlo que me tocara la barriga y, aunque igual lo hizo inconscientemente, expuso a un hombre a ese miedo femenino a explotar. La conexión con *¿Quién puede matar a un niño?* es aun más directa porque se trata de una película que se mueve en un terreno realista. Hay cientos de vídeos en Instagram de barrigas de embarazadas en movimiento, acompañados de los *hashtags* #bellymoving o #pregnantbellymoving. Estoy segura de que el noventa por ciento de las personas que han subido esas imágenes no han visto la película de Narciso Ibáñez Serrador.

¿Quién puede matar a un niño? es, junto a *La semilla del diablo*, una de las películas de terror en las que visualizo más los miedos de mis embarazos. Con la de Roman Polanski me identifiqué a un nivel más teórico. Con ésta, en cambio, conecté de

una forma más epidérmica y salvaje. La película de Ibáñez Serrador tiene una de las escenas que más me han impresionado nunca. Y, al volver a verla durante mi primer embarazo, se me reveló todavía más angustiosa. *¿Quién puede matar a un niño?* cuenta la historia de una pareja de turistas extranjeros, de viaje por la costa española, que recalan en una isla donde los niños han asesinado a los adultos. De todos los horrores que propone una película así, que te enfrenta sin miramientos a la posibilidad de una maldad extrema en la infancia, me desarma por completo el que coge forma en la escena en cuestión. Hacia el final de la película, Evelyn (Prunella Ransome), su protagonista femenina, es asesinada desde dentro por su bebé nonato, que ni siquiera en el útero ha podido escapar al influjo criminal que acecha a los críos de la isla. Para mí la escena en cuestión lleva al límite de lo insano ese miedo a reventar, a desintegrarse durante el embarazo física y psicológicamente.

A Carlo se le pasó el susto con el diazepam, aunque durante el embarazo de Nico no me tocó la barriga ni una sola vez para notar cómo se movía. Pero a mí aún me dura un poco. Han pasado cuatro años desde mi segundo embarazo y todavía hay veces que me miro el vientre y me sorprende ver que sigue ahí, íntegro. Y me invade una sensación extrañísima, como una versión ligera del miedo a romperme físicamente de aquellos días. Mi barriga no está igual que antes de ser madre. Pero la verdad es que tampoco parece que dos personas hayan intentado salir de ella a patadas.

12

The Conjuring

EL MIEDO QUE SE HEREDA

Elliott tuvo su primer susto con dos años viendo *La bruja* (2015). No la estaba viendo él, sino, como podíamos, su padre y yo mientras él jugueteaba en el sofá. Aunque nos dedicamos al cine, ni Carlo ni yo solemos acertar con la elección de las películas que les ponemos a nuestros hijos: nunca acaban de ser las adecuadas para su edad. Pero esa vez no era el caso. Somos un poco desastre, pero no tanto como para ponerle a un bebé una película sobre brujería en el siglo XVII. Sin embargo, es verdad que no intuimos que el niño pudiera quedarse con la copla. La tarde de antes habíamos visto *El lobo de Wall Street* (2013) con él al lado y, aunque le habíamos pillado mirando a la pantalla alguna vez, había dormido del tirón toda la noche. Pero sucedió. Cuando creíamos que estaba entretenido con un mando a distancia de juguete, Elliott se había quedado embobado con la escena en la que Thomasin (Anya Taylor-Joy), la adolescente de la que se sospecha que es una bruja, hace desaparecer a un bebé jugando con él al cucú-tras. El niño está ahí y, de repente, cuando ella retira las manos de su rostro, se ha desvanecido.

—No está —dijo Elliott un segundo antes de ponerse a llorar y trepar por el sofá como un gato.

—¿Ha dicho que no está? —pregunté a Carlo mientras cerraba el portátil con un pie y cogía a mi hijo en brazos, totalmente alucinada, para calmarle.

—Te lo juro —me contestó aún más flipado que yo.

—Tío, que no puede ser. ¿Cómo va a entenderlo? ¡Pero si acaba de cumplir dos años!

—Pues ha dicho: «No está». Tú también lo has oído, ¿no?

—Sí, pero igual ha dicho otra cosa. Estamos muy cansados, seguro que nos lo ha parecido.

—¿A los dos a la vez? Llama a tu hermana y pregúntale.

Siempre llamamos a Lola cuando la realidad nos supera. Está el tópico de que en todas las parejas una mitad es más práctica que la otra. Pues nosotros nos lo saltamos: los dos somos igual de inútiles para gestionar la parte más funcional del día a día.

—Carlo, tío, ¿cómo la voy a llamar para eso? ¿Qué le pregunto? ¿Que si se le puede poner a un bebé una película de brujería?

—¡Pues no! ¡Pregúntale a qué edad empiezan a asustarse los niños! Y si les pueden quedar secuelas.

—¿Secuelas por ver *La bruja* con dos años? —le contesté indignada camino de la habitación con el niño en brazos—. Pues claro que le van a quedar secuelas.

Esa noche me fui a dormir muy agobiada. Estaba convencida de que la culpa de que Elliott fuera precozmente sensible al terror era mía. Mía y de James Wan. Cada vez que detecto el miedo en uno de mis hijos, sea del tipo que sea, me echo la culpa. Siento que la obsesión por no transmitirles mis miedos, los mismos que heredé de mi madre, se vuelve en mi contra y consigo el efecto contrario. Pero esa vez no era esa angustia omnipresente y abstracta. De golpe vi con claridad que había predispuesto a Elliott para el miedo el mismo día que nació.

Elliott nació en enero y antes de tiempo. Como buenos padres primerizos, nos fuimos al hospital con todos los bártulos cuando las contracciones eran solo cosquilleos. No tardamos ni una hora en coger un taxi de vuelta. Con las maletas y mosqueados. Todas las salas de parto estaban ocupadas y yo solo estaba dilatada de dos centímetros, así que nos mandaron a casa con la indicación de regresar cuando las contracciones fueran cada cinco minutos y el consejo de que caminara para acelerar el proceso.

—¿Qué quieres hacer? ¿Vamos a dar un paseo? —me preguntó Carlo un poco decepcionado.

Ninguno de los dos contaba con ese giro de guion.

—¿Con el frío que hace? Calla. Paso. Vámonos a casa. Quiero ver *The Conjuring* —le contesté totalmente convencida. Pensé que era la mejor manera de hacer tiempo.

—¿Por qué quieres ver *The Conjuring* ahora?

—No lo sé, tengo el antojo.

—¿Cómo que el antojo? ¿A punto de parir? Pero si no has tenido antojos en todo el embarazo.

—Ay, yo qué sé, Carlo. Creo que es buena idea. Quiero parir ya y tengo la intuición de que con los sustos se me van a acelerar las contracciones.

Ni caminé por el parque un frío día de enero ni abracé la pelota de pilates. Nos hicimos un bikini y nos sentamos en el sofá a ver *The Conjuring*. Fue mano de santo. Las contracciones fueron en aumento a la vez que se disparaban los fenómenos paranormales en la granja de Harrisville. Carlo apuntaba la secuencia de mis contracciones con la misma diligencia con la que Ed y Lorraine Warren, los míticos investigadores de lo paranormal, intentaban liberar de malos espíritus el hogar de la familia protagonista.

Apuramos demasiado. Obedecimos tanto a los médicos —otro clásico de los padres primerizos— que casi doy a luz de camino. No contemplamos que vivíamos en un quinto (casi un sexto) sin ascensor, que no teníamos coche y que los sábados por la tarde los taxis brillan por su ausencia en Barcelona. Tras varios intentos fracasados de pedir uno por teléfono, después de insultar a un taxista con la luz verde que pasó de largo al verme el bombo y a punto de llamar a mi cuñado para que viniera a recogernos, pasó uno. Me tiré todo el trayecto muerta de dolor y con una escena de *The Conjuring* en bucle en mi cabeza: la de la adolescente a la que le cae un espíritu de encima del armario. Los dolores, las dudas sobre esos dolores, el eterno impacto de un susto que me sabía de memoria y mi amor por James Wan secuestraron nuestro intento de conversación camino del hospital.

—¿Te duele mucho? —me preguntó Carlo cogiéndome de la mano y tirando del cuello de su camisa, gesto que repetía cada vez que el taxista paraba en un semáforo.

—Mil. ¿Cómo puede doler tanto? ¡No tiene sentido! Me duele demasiado; como no llegue a tiempo para que me pongan la epidural, me da algo. —No lo decía en plan pasivo-agresivo para que el taxista acelerara, pero él lo percibió así y sumó con su mala leche una capa de tensión a la escena.

—Seguro que sí, mujer. Hemos hecho lo que nos han dicho.

—Hemos apurado demasiado. Se nos va. —Cerré los ojos, apreté los dientes y, cuando pasó el dolor, entre contracción y contracción, le dije lo único que tenía claro en esos momentos—: Qué bueno es James Wan, Carlo. Joder, es que es el mejor.

—¿En serio estás pensando en James Wan? —me contestó entre sorprendido, descojonado y visiblemente nervioso.

—*The Conjuring* es increíble, reconócelo.

—A mí también me gustó. Es buenísima —dijo el taxista, que no había dicho nada en todo el trayecto. Nos pilló tan por sorpresa que no supimos seguirle.

—¿Tienes a mano el DNI, Carlo? Te lo van a pedir para el ingreso.

Bajamos del taxi, dejé la tarjeta sanitaria en el mostrador y una hora después había parido y tenía a Elliott encima. Si no llegamos a dar con una enfermera maja, que me dejó coger el móvil para llamarle, hubiera dado a luz mientras Carlo firmaba los papeles de mi ingreso. El día de Elliott, Thomasin y el cucútras pensé que la culpa de que mi hijo fuera tan sensible al cine de terror era mía por emperrarme en ver *The Conjuring* mientras él se preparaba para abandonar mi vientre.

Ese día también confirmé mi sospecha de que hay legados contra los que no se puede luchar. Puedes detectarlos, aprender a vivir con ellos y encontrar herramientas para mantenerlos a raya, pero te trascienden, van más allá de ti. Cuando lo acepté, sentí una mezcla de angustia y alivio. De angustia, porque me exigía seguir alerta. De alivio, porque en parte me liberaba de culpa. Hay una película reciente de terror que cuenta muy bien todo esto, aunque su protagonista se quede bloqueada en la angustia y la culpa no le dé tregua. Hablo de *Hereditary* (2018) de Ari Aster. La primera vez que la vi, sentí que me removía de forma extraña, pero no tenía claro por qué. Es una película que abarca muchos temas: la familia como foco de tragedias, la esquizofrenia, los cultos. Y tiene un grado de extrañeza muy incómodo. En un primer momento no supe detectar con claridad cuál de todas esas cosas me había desarmado. Pero, al volver a verla, detecté clarísimamente que lo que me perturbaba tanto era el miedo atroz que tiene su protagonista (Toni Collette), una mujer atormentada por la figura de su madre, a heredar, transferir y perpetuar las sombras de su familia. La herencia que desea esquivar esa mujer es un legado de locura, manipulación, secretos y tormento, algo con lo que, por suerte, no me identifico. Pero sí puedo entender su obsesión por no eternizar las cosas que ha heredado y rechaza porque conllevan dolor y sufrimiento. *Hereditary* va del miedo a no poder romper esa cadena, y es tan escalofriante porque, además de describirlo, cuenta que la obsesión por acabar con esa herencia puede ser contraproducente: al darle espacio, la estás alimentando.

13

La visita

MIEDO A LA *HOME INVASION*

Otro de los temas estrella del cine de terror es la paranoia de la preñada, que en la vida real se activa en el segundo trimestre de embarazo. En *La semilla del diablo* —un pozo sin fondo de paralelismos con las fases de la gestación—, Rosemary (Mia Farrow) empieza a sospechar que los inquilinos de su edificio pertenecen a una secta que trama algo contra ella. Minnie (Ruth Gordon) y Roman Castevet (Sidney Blackmer), la pareja de ancianos que lidera la comunidad, son adorables al principio. Pero poco a poco empiezan a observar a Rosemary inquisitivamente, a censurar su comportamiento y a asfixiarla con consejos, con sugerencias sobre lo que debe comer o el médico al que tiene que ir. Si eres mamá, eso te sonará seguro. El asalto de los Castevet es la parábola perfecta de lo invasivo que se vuelve tu entorno durante el embarazo, en especial si es el primero. Suerte que lo que no te mata te hace más fuerte, y en el fondo ese asalto implica algo positivo: te prepara para el segundo asalto, la invasión posparto (en concreto, la invasión doméstica familiar posparto), que todavía es más dura. Pero en ese momento ni la intuyes. Tienes suficiente con intentar entender por qué tu barriga ha tenido un efecto tan brutal sobre tu entorno, por qué de golpe todo el mundo intenta, sin ningún pudor, decidir por ti: tus padres, tus suegros, tus amigos con hijos (que te prometen que todo lo que te está pasando es normal y que les sucedió a ellos antes), tus vecinos, el panadero y alguien que pasaba por allí.

En nuestro caso, tanto los padres de Carlo como los míos se controlaron bastante durante los embarazos y reservaron todas sus energías para el segundo asalto. No pasó lo mismo con nuestros amigos y conocidos. En mis dos embarazos esquivé con determinación un montón de sugerencias, sobre todo las de leer libros sobre gestación y crianza o apuntarme a talleres de maternidad. Hay una buena película de miedo en esos cursos, como la hay en los talleres de lactancia y en las doulas, esas mujeres que acompañan y aconsejan a las mamás (las que se lo pueden permitir, porque es un capricho carísimo) en el embarazo, el parto y durante los primeros meses del bebé. Me extraña que haya películas sobre niñeras psicópatas, como *La mano que mece la cuna* (1992) y tantos subproductos de premisa similar, pero ninguna productora de terror independiente haya detectado el potencial de esas consejeras. Quizá sea porque en la mayoría de esas compañías aún no haya muchas mujeres cineastas.

Aun así, si no hubiera estado desbordada por la situación y sin un duro, igual en mi primer embarazo habría picado y me habría apuntado a algún curso extra. Pero no me daban ni el dinero ni la vida. Lo único que no me perdí fueron las clases de preparación al parto: no podía dejar escapar la oportunidad de ver a mi novio en esa situación.

—¿Tenéis previsto acompañar a vuestras parejas en el parto? —nos preguntó la matrona en una de las primeras clases del curso, justo después de ver un vídeo bastante elegante sobre un alumbramiento que más de uno recibió con muecas de disgusto.

116

Las embarazadas y sus acompañantes se miraron sonrientes, con ternura. Todos tenían claro que sería así y, aunque nosotros no lo habíamos hablado nunca, yo también lo tenía clarísimo. Me giré hacia Carlo en busca de una complicidad parecida, pero me lo encontré tieso como un palo y concentrado en la pelota de goma que habíamos utilizado para el último ejercicio. Le observé aguantándome la risa, pero preferí no decirle nada.

—En algunos hospitales, dan la opción al padre de cortar el cordón umbilical. Es algo que os preguntarán antes, pero, si decís que sí y luego cambiáis de opinión, no pasa nada. Hay padres que lo ven claro en un principio y luego les da impresión y prefieren no hacerlo —añadió Carmen, que lo dijo mirando a Carlo. No por nada, solo porque lo tenía justo enfrente. Pero se sintió interpelado y empezó a reír con una vehemencia que no es habitual en él.

—¿Por qué te ríes así? Pareces un loco —le susurré tras darle un codazo para que se callara.

Cuando se dio la vuelta, lo vi claro. No era una risa nerviosa: había pensado que era una broma, que la matrona le había hecho una broma supergraciosa.

Carlo pasó el resto de las clases nervioso, probablemente porque le hacían proyectarse en el momento del cordón y se imaginaba cubierto de sangre con un cuchillo jamonero en la mano. Y yo no podía evitar sentirme en esas clases como en una secta, fantasía que llevé al límite el día que nos propusieron cogernos todos de la mano, hacer un corro alrededor de un bebé de juguete y movernos en el sentido de las agujas del reloj para protegerlo. Aun así, sobrevivimos a esos cursos.

Pero fue la única concesión. Durante mucho tiempo usamos los libros de crianza que nos regalaron para evitar que cojeara la cuna de Nico y desarrollé un rechazo frontal a los integristas de la lactancia materna. Esa animadversión empezó cuando Elliott se quedó en los huesos por emperrarme en darle el pecho a pesar de no estar dando resultado: cometí el error de creer que, si no lo hacía, estaría fracasando como madre. Una noche, tras aceptar que no soltaba ni una gota de leche y que mi bebé estaba exhausto de fingir que mamaba, nos fuimos a urgencias. Fue durísimo. Sentí una tristeza infinita al ver como Elliott se agarraba a un biberón de leche de fórmula como si fuera un *frappuccino* de Starbucks.

En realidad pude con muchas cosas... aunque algunas me llevaran más tiempo del que hubiera deseado. Pero nunca conseguí frenar del todo la estampida de consejos e intromisiones. El exterior acabó por imponerse y, entre otras cosas, mis suegros entraron en mi vida como una apisonadora. Así empezó mi *home invasion*.

Qué raro y complejo es eso. Hoy por hoy, nada indica que mis suegros sean líderes de una secta satánica como los Castevet, pero es verdad que se toman demasiado en serio lo de ser presidentes de su escalera de vecinos. Ese cargo podría ser perfectamente la tapadera de algo más siniestro, porque reciben llamadas telefónicas extrañas, se citan con personas con nombres rarísimos, clarísimamente inventados, y tienen reuniones de la comunidad a horas intempestivas (y que, qué casualidad, les impiden hacernos de canguro).

—Maite, el sábado que viene tengo radio por la noche y, al ser con público, me haría mucha ilusión que Carlo viniera. ¿Crees que os podríais quedar Joaquín y tú con los niños? —le pregunté a mi suegra una mañana.

Se lo comenté con muchos días de antelación porque a estas alturas sé que no tolera la improvisación. Es superior a ella.

—Ay, Desirée, me sabe mal, pero ese sábado hemos quedado a las once y media de la noche con el señor Pregonas, que tiene su piso alquilado a una familia china, pero justo viene ese día a poner orden para hablar del asunto de la uralita —me contestó.

Señor Pregonas. A poner orden. Asunto de la uralita. Esa conversación, que parece escrita por Mel Brooks, es solo una de las muchas que tengo con ella cada vez que le pido que se queden con los niños. Casi todos esos diálogos son idénticos, apenas guardan pequeñas variaciones. Y el fondo siempre es el mismo: son alérgicos a quedarse con los críos por la tarde-noche, lo que a veces me ha hecho pensar que igual no son satanistas pero sí son vampiros. Que nunca quieran quedarse a comer en casa, que vistan siempre de invierno y que mi suegro presuma de dormir solo de día refuerza bastante mi hipótesis.

En cualquier caso, tienen mucho en común con los viejecitos de *La semilla del diablo.* Como hicieron estos personajes en la vida de Rosemary, los padres de mi novio aparecieron en la mía de golpe. Y, como ellos, al principio fueron encantadores y serviciales y, al poco tiempo, se volvieron omnipresentes e insoportables. Debo aclarar que en mi caso la secuencia de los hechos fue un poco particular: les conocí embarazada de cuatro meses, con lo que, cuando dieron los primeros coletazos en casa para «ayudarnos», eran dos perfectos desconocidos hurgando en mi nevera. Qué susto.

Al quedarte embarazada, tu entorno social se descompone y vuelve a configurarse con otros fichajes. Y, antes de la invasión doméstica, llega la espantada. Como en un *slasher*, tus amigos empiezan a desaparecer uno a uno. Los primeros, los solteros. Asoman la cabeza de cuando en cuando, pero cada vez menos y con más desgana. Puede parecer una tontería, pero aceptar, cuando estás a punto de explotar, que tus viejos compañeros de pajareo viven en una excitante dimensión paralela es durísimo. La huida es definitiva —y en muchos casos irreversible— cuando nace el bebé, pero, como a partir de ese momento estás crónicamente exhausta, no tienes fuerzas para añorarlos. Tengo al sesenta por ciento de mis amistades preniños encapsuladas en tres grupos de WhatsApp: «La noche del cine español», «Tías» y «Pajareo Extreme». Esos grupos son lo más parecido a una fantasía que tengo ahora mismo. A otro veinte por ciento lo espío (espero que ellos a mí también) por Instagram. Y solo el veinte por ciento restante sigue realmente en mi vida, aunque prefiera que deje a los niños en casa cuando quedamos. De todos modos, son mucho más inquietantes las entradas que las salidas. Es un shock tomar consciencia por primera vez de que el espacio del sofá que antes ocupaba una amiga con una copa de vino tinto en la mano ha sido invadido por desconocidos como los Castevet (tus suegros) y por conocidos (tus padres) que, por alguna extraña razón, se comportan como si no lo fueran.

Todo esto va más allá de lo bien o lo mal que te lleves con ellos. No tiene que ver con eso. Va de que, cuando decides tener hijos, las familias reaparecen en tu vida. Y, como si te hubieras dado un golpe en la cabeza, olvidas la manera de marcar la distancia. Del mismo modo que ellos olvidan los límites de la intromisión. Entran en tu casa por la puerta, por las ventanas, por los conductos del aire acondicionado. Te conviertes en protagonista de una película de asalto doméstico y ellos, en los extraños enmascarados que invaden tu espacio, te dicen lo que tienes que hacer y tumban absolutamente todo lo que propongas. Y debes aceptar cuanto antes las reglas del juego: las familias te ayudan pero a la vez te joden. Las dos cosas van juntas, no es negociable. Si esperas a que el bebé tenga unos meses, cuando el asedio sea total, corres el riesgo de explotar, acabar con los extraños en el segundo acto de tu película y tener que dedicar el tercero a arruinarte pagando a canguros.

120

Nunca fui fan de que *Halloween 2: Sanguinario* (1981) desvelara la fraternidad entre Laurie Strode (Jamie Lee Curtis) y su acosador, el asesino de la máscara Michael Myers. Siempre me pareció una solución barata, y no entiendo por qué Rob Zombie no se saltó esa idea de bombero en sus incursiones en el universo Halloween. Sin embargo, la mezcla de rechazo de la protagonista hacia su hermano y la incapacidad de romper por completo con él me viene perfecta para explicar esto. Obviamente, Laurie lo tenía más difícil que yo porque su hermano era un psicópata. Pero, aunque es un símil algo agresivo, reconozco su ambivalencia. Tanto en la última etapa del embarazo como recién parida no podía ni soportar a nuestras familias ni aceptar que no vinieran a vernos o ayudarnos. Necesitaba tenerlos cerca y, a la vez, me sacaban de quicio. Había días que miraba a mis suegros y a mis padres y no los reconocía. Me costaba identificarlos, como si fueran extraños con máscaras y pasamontañas. Que me sucediera con los padres de Carlo era lógico. Eran buena gente, quizá vampiros, pero buena gente, aunque no los conocía de nada. Pero que me sucediera con mi propia familia me angustiaba profundamente. Hasta que entendí lo que me estaba pasando: había dejado de ver a mis padres como una entidad abstracta (la familia que te toca y aceptas precisamente por eso, porque es la que te toca, porque es la tuya) para verlos como adultos a los que no siempre entendía y que incluso a veces podían caerme bastante mal. Es una sensación rara, en ocasiones muy dolorosa, que no tiene tanto que ver con la maternidad como con hacerse mayor.

Desde que fui madre por primera vez, mi familia ha cambiado mucho. Y todo el dinero que gasto en terapia está destinado a sumar herramientas para gestionar mi relación con ellos. Es la parte más complicada. Pero a mis suegros los di por perdidos por pura supervivencia. Son majos, insisto, pero siete años después sigo sin conocerlos y continúan pareciéndome rarísimos. Sobre todo cuando nos roban los yogures y ordenan los cajones de los calcetines sin avisar. O cuando mi suegra se queda a dormir para ayudarme si estoy sola con los niños. Hace cosas rarísimas, y sé que no son imaginaciones mías porque a Carlo le ha pasado lo mismo. Ya lo tengo más o menos controlado, pero mi debut fue increíble.

La primera vez que se quedó a pasar la noche en casa, ya de madrugada, cuando llevábamos un par de horas acostados, escuché medio dormida que se levantaba del sofá e iba hacia la cocina. Pensé que había ido a beber agua, pero, como nuestra cocina es pequeña y no tiene ni mesa ni sillas, me extrañó no oírla y que tardara tanto en regresar. Estaba a punto de levantarme a comprobar qué pasaba cuando empezó a trastear ruidosamente. No entendía nada. Cada vez oía más ruidos, que se iban volviendo más raros y abstractos. Era como si hubiera abierto desde el horno la puerta a una dimensión paralela. Aunque estaba muy intranquila, preferí dejarla hacer porque no me apetecía nada discutir con ella a esas horas. Y porque, en el fondo, me inquietaba lo que pudiera encontrarme. Pero como los niños estaban empezando a moverse por el follón, decidí saltar de la cama a ver qué pasaba. No llegué a abrir la puerta: la vi pasar por la ranura corriendo hacia el comedor. Pensé que ya había acabado todo y volví a la cama. Pero no. Volvió a hacerlo. Empezó a corretear arriba y abajo por el pasillo, cada vez más deprisa, durante mucho rato. Ahí ya sí que ni siquiera se me pasó por la cabeza levantarme. Seguí en la cama, tapada hasta arriba y aterrada, imaginando que se movía por el piso como la abuela de *La visita* (2015). En la película de M. Night Shyamalan, una mujer envía a sus hijos a pasar unos días a la granja de sus padres, con los que hace tiempo que no tiene relación. La revelación es que los ancianos no son realmente los

122

abuelos de los niños, sino una pareja de impostores que empiezan a comportarse de manera extraña y terrorífica. Una de las cosas que descubren los chavales es que la vieja se pasea desnuda por casa por la noche y, entre otras cosas, se dedica a arañar las paredes. Muerta de miedo en la cama, no podía evitar imaginarme a mi suegra haciendo algo parecido. O directamente lo mismo.

Esa situación se ha repetido, pero soy incapaz de disuadirla las (pocas) veces que se ofrece a quedarse en casa por la noche. Pese a la permanente sensación de fastidio y extrañeza, todavía no he aprendido a gestionar la presencia de las familias en casa. Creo que es porque, como le sucede a Laurie Strode con su hermano, siento a la vez un rechazo genuino hacia ellas, un amor y una dependencia sobrenatural que no sé desactivar.

14

Body horror

Miedo a envejecer

El *body horror* es un género muy concreto del cine de terror que encuentra el espanto en las alteraciones físicas del cuerpo humano. Esos cambios y mutaciones a veces son espontáneos, pero casi siempre resultan de enfermedades, virus, experimentos o aplicaciones tecnológicas retorcidas e imposibles. No es una de mis debilidades cinematográficas. Aunque sienta devoción por David Cronenberg, ni es mi subgénero favorito ni disfruto especialmente viendo películas sobre aberraciones corporales. Sin embargo, pienso a menudo en ellas porque, a una escala menor que los personajes de esos tratados sobre la degradación física, convivo con el *body horror*. Forma parte de mi día a día. Le tengo miedo a los cambios en mi cuerpo, a detectar algo nuevo en mi reflejo, a las variaciones físicas en general. Y no es una angustia superficial, no tiene nada que ver con un ideal de belleza o juventud. Es un malestar profundo que parte tanto del exterior como de mí misma.

—¡Cuánto tiempo sin verte! —me saludó Marta efusivamente.

No es amiga mía, ni siquiera una conocida por la que sienta un afecto especial. Es una periodista con la que suelo coincidir en el festival de cine de San Sebastián. Me saca unos diez años, es agradable y parece buena persona. Y hasta ese día me caía bien.

—¡Hola, Marta! —la abracé. Me alegré sinceramente de verla—. ¿Cómo estás? Sí, hacía mucho tiempo que no coincidíamos, es que el año pasado no pude venir. Fui mamá en septiembre y estaba recién parida. ¡Mamá por segunda vez!

—¡Eso me dijeron! Madre mía, dos hijos ya —me contestó mirándome fijamente a los ojos.

De golpe, noté cómo empezaba a bizquear inspeccionándome la cara. Sin soltarme de los brazos, la posición residual de nuestro abrazo, saltaba inquieta de mi nariz a mi frente, de mi frente a mi barbilla, de mi barbilla a mi nariz.

—¿Estás bien? —le pregunté mosqueada, echándome nerviosamente una mano a la cara.

No sabía si le había venido a la cabeza algo de golpe o si yo tenía chorretones de maquillaje o restos de comida y no sabía cómo decírmelo.

—Sí, todo bien. Solo es que estás muy mayor. ¡Qué impresión! ¿Cómo puede ser? ¡Cuando te conocí eras una niña y ahora tienes cara de mujer mayor! —me soltó a bocajarro, sin ser consciente de lo desafortunado de su comentario, y con una mueca que me transmitió una mezcla de decepción y compasión.

Marta no tenía por qué saber que yo estaba agotada y exhausta hasta las lágrimas, que llevaba meses sin gustarme por mil razones y que la relación con mi propio cuerpo no había sido fácil nunca. Pero hubiera agradecido un poco de tacto. Me pilló con la guardia baja y le di la razón, a la vez que sentía cómo me subía la sangre a las mejillas.

—Claro, es que ya tengo una edad. Hace mucho que nos conocemos.

—Eso es verdad, los años no perdonan —así remató la conversación. Y me remató a mí.

126

Acabábamos de despedirnos y yo ya estaba hundida. Parada en el vestíbulo del hotel María Cristina, donde se hacen la mayoría de las entrevistas durante el festival, no paraba de escuchar «¡Qué impresión!» en mi cabeza. La frase me perforaba los tímpanos repetida por distintas voces, entre ellas, la mía, que se imponía al resto. Me sentía como Jeff Goldblum en *La mosca* (1986) cuando descubre que se está convirtiendo en un insecto. Me intuía espantosa. «¡Qué impresión! ¡Qué impresión! ¡Qué impresión!» ¿De verdad había cambiado tanto en dos años? Y, de ser así, ¿mi cara generaba esa estupefacción? Vi claro que habían sucedido dos cosas que sabía que pasarían de un momento a otro. Una era más llevadera y, según cómo, podía disimularla: estaba psicosomatizando el cansancio, la ansiedad y mis nuevos miedos, casi todo ello relacionado con la maternidad y las dificultades para conciliar. Pero la otra era irreversible. Me había salido de golpe la edad real, algo que más o menos había podido posponer porque mi trabajo puede ser agotador, pero la verdad es que agresivo físicamente no es. Sentí un vértigo similar al de los personajes de las películas de zombis cuando, tras ser mordidos sin que lo vean los otros supervivientes, experimentan en silencio los primeros síntomas del contagio. Busqué un rincón donde no hubiera ni rostros conocidos ni espejos, me tapé la cara con el ordenador portátil y me puse a llorar.

Cuando pasas de los treinta y cinco, se disparan las primeras alarmas. Y cuando bordeas los cuarenta, los comentarios como el de Marta dejan de ser puntuales. Es como si el mundo fuera consciente antes que tú de que te has hecho mayor y tuviera un empeño especial en compartir su descubrimiento contigo. El ciclo, que socialmente y de manera injusta se activa antes con las mujeres, es el siguiente. Primero te llaman «señora» los

127

niños, algo que te rompe el corazón, pero justificas argumentando que les sacas muchos años. Después lo hace un adolescente, un respingo que se vuelve susto de muerte cuando te das cuenta de que podrías ser perfectamente su madre. Madre joven... pero si restas te salen las cuentas. La última fase es cuando alguien mayor que tú te llama de usted. Y me he saltado de forma voluntaria la tercera porque es la más dura y difícil de aceptar: cuando a una persona de tu edad ni se le pasa por la cabeza tutearte. Puede que se sienta mayor y dé por hecho que tú también. Pero lo más probable es que crea de corazón que eres más vieja que ella. Dos horas después de que Marta me hiciera llorar, alcé la mano para pedir turno en una rueda de prensa y supe que me tocaba cuando el moderador me señaló con un dedo y se escuchó por megafonía: «La señora de rojo de la tercera fila».

Seth Brundle, el científico al que da vida Goldblum en *La mosca*, se emborracha una noche por despecho y decide convertirse en cobaya de su propio experimento, unas cabinas de teletransportación que ha fabricado de forma clandestina. Se mete en una y sale por la otra en una versión mejorada, dotado de un entusiasmo, una fuerza y una potencia sexual extraordinarios. Pero la felicidad le dura poco y no tardan en sucederse, en un grado cada vez mayor, los síntomas negativos del ensayo. Su fusión molecular con la mosca que se coló en la cabina sin que él se diera cuenta es imparable. El «¡Qué impresión!» de Marta y su cara descompuesta me llevaron al «No te reconozco» y a la mueca de pavor de Veronica (Geena Davis) cuando visita a Brundle y ve que su novio se está convirtiendo en un bicho.

Lo primero que le sucede al científico cuando se activa su fusión con un insecto es que le crecen unos pelos durísimos en la espalda. Lo segundo, que se le afea el cutis. Y lo tercero, que se le caen los dientes sobre el teclado del ordenador. Para proyectarme en lo último, tendría que forzar el símil, aunque tampoco demasiado: basta con sustituir la dentadura por la cabeza entera cayendo en picado sobre el portátil cuando me quedo dormida respondiendo mails de madrugada. Pero, cambiando la ubicación de los pelos y el nivel de demacre, las otras dos cosas son bastante literales.

En la escena en la que se arranca las uñas de las manos dejo de proyectarme en él. Igual en unos años retomo la identificación, pero de momento marco el corte ahí. Hasta llegar a esa etapa de la mutación y el descenso, reconozco su asombro ante los cambios y la sensación, reforzada por el exterior, de que todo va demasiado rápido. No tiene nada que ver con el deseo de detener el tiempo, ni siquiera con una idealización de la juventud de la que hoy es difícil escapar (y si es posible hacerlo, yo no sé cómo). Tampoco con la sorpresa ante una cana o una arruga de expresión. Tiene que ver con el desconcierto ante los cambios físicos relevantes, que para mí fueron un shock. Porque una cosa es estar orgullosa de cumplir años, algo de lo que por supuesto lo estoy, y otra distinta es aceptar con naturalidad y entusiasmo transformaciones faciales y corporales que, de alguna manera, me distancian de un pasado no muy lejano y de la imagen mental que durante años he tenido de mí misma.

Alterar o modificar esa imagen no es fácil, y hay una película de terror extraordinaria que plasma el deseo desesperado de mantenerla eternamente: *Los ojos sin rostro* (1960) de Georges Franju. Cuenta la historia de un cirujano (Pierre Brasseur) que secuestra a mujeres jóvenes para arrancarles la piel y reconstruir el rostro de su hija (Edith Scob), desfigurada en un accidente automovilístico del que, según se insinúa, él podría ser el culpable. Por supuesto, el resultado no es el deseado. Es una película que admite muchas lecturas, y su fondo es infinitamente más trágico que los primeros síntomas del envejecimiento.

Pero, aunque esté planteada desde lo espeluznante, la idea de recomponer la última imagen que se quiere retener de alguien me parece bellísima. Y el plan del doctor, tan vano como pretender tener a los cuarenta la misma cara que a los veinte, incluso que a los treinta y cinco.

Evidentemente, llevo un rato jugando a la exageración. De momento los cambios están controlados —puede incluso que algunos solo los vea yo— y no flirtean con lo monstruoso. Y la sensación de degradación física real solo la he experimentado en mis dos partos. Pero no negaré que, con una intensidad menor que Brundle, viví mi personal *body horror* cuando descubrí que la flacidez facial era una realidad, que las bolsas en las mejillas no tenían nada que ver con la falta de sueño y que las contraprestaciones de perder peso eran bastante peores que estar un poco más gorda.

—Mírame aquí: ¿a que tengo como un bulto? —le dije a Carlo bajando en el ascensor.

No era la primera vez que me veía una especie de bolsa en la mejilla derecha, y ya había hecho algunas investigaciones en Google para ver si encontraba qué era. Del surtido de posibilidades, de las más tremendas a las más tontas, me había autodiagnosticado (de forma equivocada) una bola de Bichat, que es una «acumulación de grasa en la mejilla». Pero simulé que era la primera vez que me la descubría para ver si a él le parecía tan radical como a mí.

—A ver, ¿dónde? Yo no te veo nada —me contestó con total sinceridad después de acercar su cara a la mía y fruncir el ceño.

—Que sí, ¡mira! ¡Se nota un montón! A este paso no voy a poder hacerme fotos. Cada vez tengo menos opciones. Si ya no podía hacerme selfis, ahora ya no puedo ni posar del lado derecho.

130

—¿Pero por qué no puedes hacerte selfis?

—¿En serio? ¿Me lo preguntas en serio? —le contesté mirándole con los ojos muy abiertos—. Carlo, hace años que no me hago selfis. Y ahora ya tampoco hago llamadas de FaceTime.

—¿Pero por qué?

—Porque sale mi cara tal y como es.

—¡Pero qué dices! Los selfis deforman la cara.

—Si tienes veintitrés años, no. Carlo, fíjate bien: ¿de verdad no ves como una bolsa?

—Pero, Desirée, si pones la cara así, hacia el fluorescente, es normal que te encuentres cosas raras. ¡No subas la cabeza! ¡No mires hacia la bombilla! La luz de este ascensor es horrible, no es nada favorecedora. Si yo hago lo mismo, también me pasa.

—¡No es verdad! Venga, hazlo —le reté.

—¿Ves?

Miró hacia la bombilla, y ninguna imperfección. Tenía el cutis perfecto. Suspiré derrotada.

—Claro que no tengo nada, ¡y tú tampoco!

He ido tres veces al dermatólogo por cosas así, por descubrimientos más impresionantes que las arrugas al sonreír, y todos los diagnósticos son variaciones más o menos elegantes de lo mismo: «Son cosas de la edad». Afortunadamente, nada grave. Pero mi neurosis y mi hipocondría me hacen empatizar con Brundle. Entiendo su sensación de extrañeza. Como entendí su desazón al ver que la transformación no tenía vuelta atrás cuando protagonicé mi segundo parto: era imposible que todo volviera a su sitio después del cristo que había montado en el paritorio. Y como entendí, al ser madre, que el cansancio, la falta de sueño y unas cuantas preocupaciones connaturales a la maternidad dejan secuelas físicas. Podría negarlo, pero sería deshonesta. Me identifico más con la perplejidad del protagonista de *La mosca* que con la satisfacción de una imagen cinematográfica recurrente: la de la mujer madura en ropa interior que se observa orgullosa en el espejo. Supongo que por eso he encontrado más herramientas en el terror que en otros géneros para lidiar con esos cambios y, según sople el viento, abrazarlos, reírme u odiarlos con todas mis fuerzas.

La distancia respecto a la realidad tiene que ver con la representación. Me di cuenta a los treinta y siete, que es cuando empezó mi crisis de los cuarenta, de algo que había estado ahí todo el rato: la realidad de que las actrices suelen ser una década más jóvenes que los personajes que interpretan. No es que buscara referentes vitales en el cine, pero mi trabajo va justo de eso, de ver películas y analizarlas, y el desajuste entre los estereotipos de la ficción que consumía atentamente a diario y lo que veía al mirarme en el espejo me había cruzado sin saberlo los cables. No era consciente de hasta qué punto había salido dañada de esa disociación. El cine de terror tampoco ha sido inmune a la trampa de la edad, a la farsa de la actriz de veinte años que interpreta a una mujer de treinta o de cuarenta. Por eso valoro tanto que algunas directoras contemporáneas de películas de este género no solo hayan escrito personajes femeninos mayores que la media, sino que hayan elegido a las actrices adecuadas para darles vida. Essie Davis tenía cuarenta y cuatro años cuando hizo *Babadook* (Jennifer Kent, 2014). Y Tammy Blanchard, la protagonista de *La invitación* (Karyn Kusama, 2015), treinta y nueve. Ambas eran de la edad de sus personajes. Por eso, porque las reconozco, me las creo, las siento cerca y sus historias me dejan sin aliento.

La ruptura con el pasado y mi propia imagen fue mucho más compleja. Pasé de llevar diez años utilizando la misma fotografía para mis acreditaciones de festivales a mirar fotos de Instagram de hace varios veranos y verme muy distinta. Ese impacto fue más melancólico porque llevaba implícito el paso del tiempo, las dudas sobre quién era entonces, quién era ahora y qué había de cada una en la otra, y un cambio de etapa que, a la vez que abrazaba y había elegido yo, me producía vértigo. *La mosca* es más incómoda que melancólica, más viscosa que taciturna, pero tiene un poso de tristeza muy bello porque lleva al extremo ese no reconocerse: Seth Brundle se despide a marchas forzadas de la persona que era.

Tengo una relación ambivalente con Severin Fiala y Veronika Franz, dos directores de terror que firman a medias. Nunca acaban de gustarme sus películas, pero siempre encuentro en ellas imágenes y, sobre todo, planteamientos que dejan una huella profunda en mí. En *Goodnight Mommy* (2014) toman meandros —arriesgados y polémicos— que no acaban de convencerme, pero me gusta mucho su punto de partida. Me gusta porque, además de hablar de ese miedo a no reconocerse, Franz y Fiala satirizan con muy mala leche la respuesta injusta, desconfiada y hostil del entorno (en este caso familiar, aunque funciona perfectamente como metáfora de lo social) a la decisión de la protagonista de oponerse a esos cambios. *Goodnight Mommy* es la historia de una mujer que vuelve a casa tras someterse a una operación de estética, con el rostro vendado, y sus dos hijos gemelos de nueve años se comportan como si no la reconocieran, como si fuera otra mujer.

—¿Puedes enseñarme mejor la acreditación? —Era la primera vez en quince años que un responsable de sala pedía comprobar mi foto para dejarme entrar en una proyección.

133

—¿Por? Me has visto mil veces. ¿De verdad necesitas comprobar la acreditación? ¿Te piensas que la he robado? —le pregunté con urgencia, roja como un tomate.

No podía soportar la idea de tener detrás a una cola larguísima de periodistas y críticos esperando para entrar y con la parabólica encendida.

—No, pero es mi trabajo y me ha parecido que la de la foto no eras tú.

Tres palos en un día y el festival acababa de empezar. Volví a enseñarle la acreditación y me dejó pasar. No lo hizo porque constatara que la de la foto y yo éramos la misma persona. La sombra de la duda se mantuvo en su rostro hasta el último momento, incluso después de dejar de mirar alternativamente mi cara y el trozo de plástico. Me dejó pasar porque estaba colapsando el acceso y un crítico con prisas para coger buen sitio en una sala de cine es aún peor que una crisis de edad.

15

El exorcista

Miedo a fracasar como madre

—*El exorcista* va de mí —le solté a Carlo nada más despertarme.

Acababa de sonar el despertador y todavía estábamos a oscuras.

—¿Qué dices? Ay, Desirée, estás fatal —me contestó medio dormido. O totalmente dormido.

—Te lo juro, que va de mí. Me representa —le confirmé con una seguridad que no me pega nada, aún menos a las siete de la mañana, mientras volvía a poner a Nico en la cuna. Fue tal mi contundencia que se despertó de golpe.

—¿Pero cómo te va a representar? —dijo desconcertado mientras se levantaba de la cama.

—De verdad, Carlo. Olvídate de los curas y de las posesiones. Me representa.

—Ya, pero es que la película va de eso, de curas y de posesiones. Si le quitas eso, no queda nada —refunfuñó camino a la ducha.

—¡Qué dices! —le perseguí por el pasillo—. Vaya visión más simple de la película. Hasta quitándole eso está llena de cosas. Y seguiría siendo una obra maestra.

Él sabe perfectamente que *El exorcista* no son solo curas y posesiones, pero preferí tomar ese desvío, adoptar el rol de la crítica de cine indignada, porque de golpe vi clarísimo que no era buena idea tener esa conversación a esas horas. No era el mejor plan desarrollar mi teoría en pleno proceso de despertar a los niños, preparar el desayuno, secar con la plancha el chándal del colegio de Elliott y descubrir que Nico tenía fiebre y nadie podía hacernos de canguro esa mañana. Carlo caló pronto mi intención de esconder la mano después de tirar la piedra.

—Vale, tienes razón, seguiría siendo una obra maestra sin curas y sin posesiones. Bueno, o igual no tanto. ¿Sí? ¿Lo sería? Pero no cambies de tema —replicó un poco mosca—. ¿Por qué dices que va de ti? ¿Por qué todas las películas de terror tienen que ir de nosotros?

—Porque va de mí. Ellen Burstyn soy yo frente a la vida. Mejor dicho, soy yo frente a la maternidad —le confirmé con determinación.

—¿Cómo que eres tú frente a la maternidad? En serio, Desirée, se te va.

Habíamos visto *El exorcista* (1973) la noche antes —un par de horas después de ponerme a llorar al ver que tenía trescientos mensajes sin leer en uno de los chats de WhatsApp del cole— y me había roto por completo los esquemas. Era el montaje del director del año 2000, la versión que tengo presente. Sigue produciéndome una sensación extrañísima, también una de mis favoritas, cuando una película que creías saberte de memoria se te revela nueva. Había visto *El exorcista* un millón de veces, la había estudiado y argumentado desde —creía— casi todos los ángulos posibles. Y una de las cosas que siempre me había llamado más la atención era que el terror tardara tanto en llegar, que pasara casi una hora antes de que Regan (Linda Blair), la niña que es poseída por el demonio, se meara en la moqueta.

Sin embargo, esa noche, la primera vez que la veía después de tener a mis hijos, vi clarísimo que el verdadero horror estaba en esa primera parte. Al menos un terror que identificaba, que sentía mío y que en esa (y en esta) etapa de mi vida me aterraba más que la escena del exorcismo: el terror a no estar a la altura como madre.

La primera hora de *El exorcista* va de una actriz (Ellen Burstyn) que descubre que su hija de doce años se comporta de un modo extraño. La niña empieza diciendo obscenidades y, pasado el ecuador de la película, se clava un crucifijo en la entrepierna, gira la cabeza 360 grados y levita sobre la cama. Con esas cosas no me identifico, aunque mis hijos a veces suelten tacos propios de un señor de cincuenta años y sea mi cabeza la que da vueltas sin parar incluso cuando llevo media hora acostada. Carlo sospecha que siempre he sido así, y mi madre se lo confirma convencida. Yo, en cambio, estoy segura de que antes tenía el don de la desconexión y lo perdí en el primer parto. No recuerdo la última vez que dejé la mente en blanco. Sin embargo, donde sí me veo es en los esfuerzos de Chris, la protagonista, por mantener la cabeza fría ante una situación que se le escapa y que, para su sorpresa, el exterior parece tener controlada.

El exorcista (también) va de eso, va de una mujer que no sabe qué le pasa a su hija y tiene que ir con mucho cuidado para que un montón de gente no le imponga su opinión e intente decidir por ella. Ser madre también es eso. Es vivir perpleja, preocupada y aterrada por todo lo que tiene que ver con tus hijos que se te escapa, que no entiendes o que no sabes cómo gestionar. De una pataleta a una fiebre alta, de un comportamiento raro a una mueca de tristeza de la que desconoces el motivo. Es curioso cuánto puede llegar a doler esto último. Ser madre también es mantenerte fuerte para no desesperarte cuando eso sucede y

137

para que, en tu búsqueda de respuestas y soluciones, el mundo en el que acabas de entrar no te engulla. Es saber mantenerte serena para escuchar a la gente importante que te rodea, que puede abarcar desde tu familia hasta los profesores y los médicos de tus hijos, pero tomar de ellos solo lo que consideres evidente, valioso y útil (que, al menos en mi caso, es mucho), y preguntar y discutir sobre lo que no veas claro. Puede parecer una obviedad, pero yo esto último lo he ido aprendiendo sobre la marcha. Soy incapaz de contar las veces que me he ido llorando aterrada de la consulta del pediatra o de las tutorías de mis hijos porque no comprendía o no compartía lo que me decían, porque no tenía ni idea de que muchas veces mi opinión podía ser tan valiosa como la de mis interlocutores.

La protagonista de *El exorcista* es una actriz famosa que está separada, disfruta de una vida social envidiable y lo tiene todo perfectamente organizado para criar a su hija y disfrutar de ella sin tener la sensación de estar sacrificando nada. Cuando era más joven, pensaba que William Friedkin y el guionista William Peter Blatty habían concebido a un personaje así para castigarlo, que había algo conservador y machista en destrozarle la vida a una mujer independiente que no necesitaba a los hombres para nada. Hoy, confirmada una y mil veces lo absolutamente moderna que es *El exorcista* y sin olvidar que los personajes masculinos no salen nada bien parados, tengo claro que la cosa va por otro lado. Al margen de si fue concebida así de manera consciente o inconsciente, ahora entiendo la película de Friedkin como un retrato de una sociedad empeñada en boicotear a las mujeres como Chris. Y la veo a ella como alguien que no solo no lo consiente, sino que defiende su espacio en un mundo cuadriculado donde todo parece decidido de antemano... con el agravante de ser un mundo secuestrado por los hombres.

La protagonista de *El exorcista* —que es la madre, no la hija— se tira media película negociando con psiquiatras, neurólogos y religiosos sobre cómo ayudar a Regan, sobre cómo curarla, para que vuelva a ser la niña que era antes. La vemos, por ejemplo, desconcertada y angustiada en salas de reuniones y quirófanos donde prácticamente solo hay hombres que fingen escucharla a la vez que pretenden decidir por ella. Hoy esas escenas hacen daño a la vista, pero en realidad no son tan insólitas. Por desgracia, hay ámbitos en los que siguen estando muy vigentes. Desde que soy madre, negocio más que nunca (básicamente porque tengo más parcelas donde hacerlo) para no perder el control. No todos esos ámbitos están secuestrados por hombres, pero muchos sí. Es increíble lo bien que funcionan esas escenas de Chris rodeada de señores como reflejo del organigrama real (no del proyectado, no del que se comunica) de la mayoría de las empresas con las que colaboro profesionalmente.

De todos modos, tampoco es disparatado pensar que la apuesta por un personaje como Chris estuviera menos pensada. Igual fue una decisión más funcional: pusieron a una protagonista así porque una mujer un poco frágil no hubiera soportado la cantidad de penurias que habían ideado para ella. Fuera por lo que fuera, el hecho de que Chris sea independiente y resuelta me viene perfecto para explicar por qué me reconozco en ella. Una vez que nacieron mis hijos, dio igual lo preparada que estaba o lo experimentada y cubierta que me sintiera: llegó una versión más sofisticada de mis miedos y se me agarró al estómago.

Cuando nació mi primer hijo, tenía treinta y seis años, una estabilidad laboral que se derrumbó nada más parir y la sensación de que había vivido lo suficiente para saber lidiar con la maternidad. Perdí la arrogancia rápido. No tardé en descubrir que, cuando no comprendía algo que tenía que ver con mis hijos, aparecía irremediablemente el miedo. Es un miedo específico y a la vez difícil de explicar. Tiene que ver con el pánico a fracasar como madre, aunque, cada vez que lo digo, lo hago con la boca pequeña para esquivar la respuesta común de las amigas que se sienten interpeladas: «¡Yo no tengo que demostrarle nada a nadie!». Y tienen razón. Pero no hablo solo de eso. No solo tiene que ver con dar el pego de cara a la galería y combatir las presiones sociales, que se manifiestan de las formas más absurdas e insospechadas. Me refiero a un miedo más abstracto y brutal, el que siento al descubrir que no comprendo nada cuando, de algún modo, daba por hecho que la maternidad llevaba implícita la capacidad instintiva de entender y saber resolver todo lo que tuviera que ver con ella.

Al decir que con mis embarazos y con la maternidad había perdido resistencia a la violencia en el cine de terror no estaba siendo del todo precisa. En 2013 coordiné para el festival de Sitges un libro sobre Takashi Miike, un cineasta japonés que suele explorar y representar la violencia de una forma muy radical: pasé media gestación de Elliott viendo torturas y no sucedió nada. En ambos embarazos sentí una fascinación especial, digámoslo morbo, por las películas de terror con preñadas: *La semilla del diablo*, *À l'intérieur* (2007), *Enemy* (2013)... Y en estos últimos seis años no he descartado o dejado a medias ninguna película por el simple hecho de que su violencia fuera extrema. Mis problemas con la violencia en el cine tras la maternidad no tienen tanto que ver con las formas como con los temas. Y, de todos, uno de mis puntos débiles es la infancia: desde que soy madre, he desarrollado una inmensa aversión hacia las películas en las que secuestran a niños o se ejerce cualquier tipo de violencia sobre ellos. Una vez envié una crónica incompleta de la sección oficial de un festival por negarme a ver un filme que iba de las dos cosas a la vez. Ni siquiera me esforcé en disimular.

140

Expuse ese miedo como motivo y el editor de la revista solo pudo balbucear: «Ah, vale». Por eso aquel día *El exorcista* se me reveló tan elocuente como incómoda.

Cuando la película entra de lleno en el terror, en el cine de posesiones, y la realidad queda suspendida, no me cuesta ver a la niña vomitar verde y saltar en la cama como la posesa que es. Sin embargo, me he vuelto hipersensible a la primera mitad de *El exorcista*, en la que los médicos someten a la niña a las pruebas más agresivas y el director las enseña al detalle. Friedkin jugó duro ahí. El tratamiento realista de esas intervenciones clínicas es brillante, pero también es un golpe bajo... al menos para mí. Esas escenas me incomodan e interpelan porque, a la vez que fuerzan ese nuevo umbral mío de resistencia, reconozco en el rostro de Chris el miedo del que antes hablaba. Ese miedo absolutamente singular a no estar a la altura de las circunstancias, a no tener ni idea de qué hacer y, al mismo tiempo, activar todos los resortes para estar al mando.

El drama de la madre de *El exorcista* juega en otra liga, y sus razones para estar desesperada y recelar de neurólogos, psiquiatras, curas y todo el que se le ponga delante son más que comprensibles. Pero ese gesto, siempre entre la preocupación, la desconfianza y la duda, y ese tener todo el tiempo los sentidos alerta (qué bien refleja eso corporalmente Burstyn) me representan en el día a día. Me veo reflejada en Chris, por ejemplo, cuando llevo a mis hijos a urgencias y me descubro dudando, incluso desconfiando, de los médicos mientras asiento con la cabeza. Cuando las observaciones de sus profesores me parecen desacertadas o directamente equivocadas. O cuando nuestras respectivas familias cuestionan la vida que hemos decidido vivir porque no se parece a la que nos habían pronosticado, porque no se parece a la que llevan ellos.

Lo bueno es que, a la vez que comprendí que engendrar no me daba ningún superpoder (alguien debe acabar con ese híbrido de leyenda urbana y cursilería infinita), un día me di cuenta de que ese miedo a fracasar como madre, al contrario que muchos otros de mis temores, no me paralizaba. Cuando tienes hijos, no estás para tonterías. Bueno, sí, pero a ratos. Yo hice el clic un poco tarde, cuando Elliott tenía un par de años. Me di cuenta de que en un mes había encadenado tres reuniones a las que había ido para hablar de mi hijo y había acabado convertida en la protagonista del show. En la última, la profesora de la guardería me ofreció un Valium. Ahí vi clarísimo que, si no reaccionaba, o me hundía o me comían. Y, al reaccionar, confirmé que ese miedo no se me iba a pasar nunca, pero tenía una fuerza para combatirlo que jamás hubiera imaginado que poseía. Chris representa muy bien esa mezcla de terror y resistencia.

Antes he infravalorado un poco las presiones sociales, pero lo cierto es que también pueden ser intensas y asfixiantes. Lo mejor que hice fue aceptar pronto mi fracaso en ese sentido: me esforzara lo que me esforzara, nunca iba a estar a la altura de las madres y de los padres perfectos. Vi rapidísimo que nosotros jamás íbamos a poder medirnos con las familias que hacen planes increíbles cada fin de semana, que se desplazan juntos en bicicleta por el centro de la ciudad perfectamente conjuntados y equipados, que solo comen dulces en festivo y que no se saltan los horarios (¡ni siquiera tenemos de eso!) ni en Navidad. Y, sobre todo, calé muy rápido que jamás seríamos ese tipo de padres que se tiran dos horas cada día en el parque con sus hijos y están visiblemente felices.

En mi caso, esto último no va a suceder nunca porque ir al parque es una de las cosas que peor llevo de ser madre. En mi *ranking* de dramas de la maternidad, el parque está por encima de amamantar (en mi caso, de intentarlo), perder peso des-

142

pués de parir e intentar entender a mis suegros. La imagen de la madre relajada que habla animadamente con otras madres y padres mientras sus hijos están a punto de salir disparados del columpio es para mí ciencia ficción. Mientras se compone esa estampa, mientras otros padres y madres sonríen y chocan las manos entre ellos en señal de camaradería (quizás esto último solo esté en mi cabeza), yo estoy histérica perdida, pendiente de que Elliott no pase con el patinete por delante del columpio, de que unos niños navajeros no le roben las zapatillas y de que no caiga un meteorito en medio del parque. Voy poco y soy experta en buscar excusas peregrinas para ir aún menos: desde que está nublado hasta que el día anterior vi excrementos al lado del tobogán. Pero, cuando voy, lo doy todo, rara vez me he ido de uno sin montar un número. Nadie te prepara psicológicamente para el parque.

Tampoco te preparan para los cumpleaños infantiles, sobre todo si son de varios niños a la vez y se celebran en un chiquipark. Mi última experiencia en uno de estos sitios, de los que tampoco acostumbro a irme sin dejar huella, me acerca más a Regan que a Chris. Me comporté más como una preadolescente poseída que como una adulta estoica. Las fiestas infantiles del colegio de Elliott solían hacerse en una sala de juegos bastante pija, toda de color blanco y con columpios y circuitos de madera. De tan fina era paródica y, sin duda, estaba más pensada para padres con pretensiones que para hijos con ganas de jugar. La cafetería era tan grande como la zona de juegos y ¡había más MacBooks que niños! Era una broma de sitio, pero a mí me parecía perfecto porque tenía una visión panorámica del recinto me pusiera donde me pusiera: el drama estaba más o menos controlado. Pero un día, por falta de disponibilidad del espacio, los papás organizadores decidieron celebrar un cumpleaños colectivo en el chiquipark más grande que he visto en mi vida, algo así como la versión acolchada de una discoteca de

Ibiza. Ese día estaba sola con Elliott y Nico y, nada más entrar, supe que aquello no iba a funcionar. Sonaba reguetón, había luces estroboscópicas en las camas elásticas y un grupo de niños de cinco años fumaba detrás de un Bob Esponja hinchable. Lo único que estaba solo en mi imaginación era lo último.

Como era de prever, a los dos minutos había perdido a mis hijos. A los tres, empecé a comportarme como si estuviera poseída. Dominada por el pánico, me puse a correr de un lado a otro a punto de llorar mientras veía pedófilos y secuestradores en potencia en todos los adultos que no me sonaban. A los cuatro minutos, era Carol Lynley en *El rapto de Bunny Lake* (1965): ¿de verdad tenía dos hijos? ¿Existían o eran fruto de mi imaginación? Al ver que era imposible encontrarlos, busqué la ayuda y la comprensión de otra mamá:

—Sefi, ¿has visto a mis hijos? —le pregunté con las mejillas ardiendo y secándome las palmas de las manos en el pantalón.

—Me pido una cerveza y te ayudo a buscarlos, ¿vale? —me dijo totalmente relajada. E impecable. Yo a esas horas de la tarde suelo estar hecha un espantajo.

—¿Una cerveza? —pensé, horrorizada—. Tía, es que me tiemblan las piernas. Creo que he oído a Elliott gritar. —Mentira—. Si me ayudas, te pago la cerveza —le solté.

«Si me ayudas, te pago la cerveza.» Le dije eso a una mujer de cuarenta años. Sefi no me ayudó. Se fue a pillar una cerveza y, cuando volvió a los diez minutos (al menos tuvo la delicadeza de regresar), me encontró llorando al lado de la piscina de bolas mientras mis hijos, desde hacía un minuto otra vez en mi ángulo de visión, se partían de risa con un mago argentino.

Una de las escenas de la historia del cine de terror que más miedo me dan está en *La profecía* (1976) y sucede en un cumpleaños infantil. Mientras los invitados disfrutan en un tiovivo, la niñera del diabólico protagonista salta de la cornisa de la mansión familiar con una soga al cuello y se ahorca ante la mirada horrorizada de padres e hijos. Igual me acabo acostumbrando a las fiestas en el chiquipark, pero hoy por hoy, unos cuatro años después de asistir a la primera, las vivo con la misma angustia que si supiera que una canguro se va a colgar delante de nosotros de un momento a otro.

16

The Final Girl

Miedo a no resistir

I

—Te presento a Desirée de Fez, la crítica más importante de cine fantástico y de terror de este país.

Así me presentó Roberto que, cuando dice cosas como ésa, se convierte de golpe en mi madre, al artista de efectos especiales y de maquillaje Greg Nicotero.

Fue en Sitges, en 2005. Roberto trabajaba en el festival como secretario del jurado, yo lo cubría como prensa y Nicotero y Quentin Tarantino —que ya era muy famoso, pero aún podía caminar por las calles de Sitges sin tener que ir acompañado de veintitrés guardaespaldas— habían venido al festival a presentar *Hostel* (2005) de Eli Roth y pasárselo bien. Sobre todo a lo segundo. Tarantino era el productor y Nicotero, que había hecho los efectos de maquillaje de la película y años después se haría aún más famoso con la serie *The Walking Dead* (estrenada en 2010 y todavía en emisión), iba a recibir un premio por su trayectoria. Durante el día se había extendido el rumor de que los dos irían esa noche a una fiesta, medio improvisada por parte del equipo del festival, en un bar de veteranos del pueblo. Nadie tenía muchas esperanzas puestas en que fueran, yo la primera.

—Roberto, ¿pero cómo van a ir ahí? Es imposible. No se les ha visto en todo el día, ni siquiera en la cafetería del hotel, ¿y van a aparecer en un bar de mala muerte?

—De verdad, que me lo ha dicho Greg esta mañana.

—¿Pero cómo te lo ha dicho? ¿Te lo ha dicho en serio o por educación? —La idea de imaginarme a Tarantino en ese bar me hacía muchísima gracia.

—Ay, no sé, no le conozco. Me lo ha dicho cuando le he acompañado a hacer el *check-in*. ¿Pero para qué me va a mentir?

—Igual va él, pero Tarantino no creo.

—Tampoco tendrá nada mejor que hacer.

—Hombre, es el director de *Pulp Fiction*, igual sí...

—Vente. Tú sí que no tienes nada mejor que hacer.

—¡Ja! Qué mamón. Paso, me da pereza bajar hasta el pueblo tan tarde.

Ese año estaba alojada en el Meliá, la fantasía de los acreditados al festival, un hotel estupendo que está a unos quince minutos a pie del centro del pueblo y donde se concentran las ruedas de prensa y la mayoría de las proyecciones. Me daba muchísimo palo ir a aquel bar, pero la posibilidad de que se presentaran era demasiado tentadora. Así que, al salir de una proyección, me uní a la expedición encabezada por Roberto, que a esas alturas de la noche ya no tenía ninguna duda de que Tarantino y Nicotero aparecerían. Llegamos al local, un bar de motoristas forrado de madera, con el suelo pegajoso y lleno de banderas de Harley-Davidson, y cogimos una posición estratégica para ver la puerta de entrada por si se les ocurría acercarse. A la media hora, estaban los dos allí. En cuanto llegaron, el DJ se apresuró a poner «You Never Can Tell» de Chuck Berry.

148

—¡Ay, Roberto, por Dios, que la quiten! ¡Parecemos unos paletos! —No sabía dónde meterme.

—¿Te crees que es la primera vez que les pasa?

—¿Quieres decir?

—Segurísimo, se la ponen todo el rato, vayan a donde vayan.

Roberto tampoco tenía ninguna duda acerca de eso. Y a mí, de golpe, me pareció razonable.

Acercarse a Tarantino era complicado. Estaba literalmente envuelto en una nube de pesados y la segunda línea que nos separaba de él la ocupaban personas que —en tiempos preselfi— posaban de maneras imposibles para que saliera al fondo de sus fotos. Como a Nicotero, que estaba tan tranquilo en la barra, no le hacía caso nadie, Roberto me animó a acompañarle a saludarlo. Fue entonces cuando hizo esa presentación triunfal... que tuvo una continuación insospechada.

Estábamos poniéndole al pobre la cabeza como un bombo cuando, sin esperárnoslo, vimos a Tarantino venir hacia nosotros tras deshacerse de sus fans. Evidentemente, hubo un trasvase de admiradores. No todos aceptaron la espantada y le siguieron hasta donde estábamos, pero para entonces nuestra posición era envidiable. El subdirector del festival, que llevaba un rato charlando con Nicotero y con nosotros, nos presentó a Tarantino.

—Hey, Quentin! Let me introduce you to my friends Roberto and Desirée. Roberto works with us at the festival, and Desirée is an amazing journalist and a great friend of ours.

Al ser patológicamente insegura y autocrítica, la presentación me pareció tan exagerada como la que Roberto le había hecho de mí a Nicotero, y me puse roja como un tomate. Pero como todo el mundo estaba sudado y colorado por el calor, nadie se dio cuenta. Me imaginé en una sauna, totalmente vestida, sentada frente a alguien a quien admiras mucho y un montón de desconocidos dándote palmadas en la espalda.

Nerviosa perdida, secándome las manos en el pantalón, intenté construir mentalmente —y en inglés, lo que complicaba las cosas— una frase que resumiera mi admiración por su cine. Cuando me atreví a abrir la boca, el resultado fue catastrófico.

—*I'm madly in love with you* —fue lo único que supe balbucear tras unos minutos de sudores fríos y sonrisas desencajadas.

Quería contarle lo importante que eran para mí sus películas, estaba incluso dispuesta a decirle que *Hostel*, que esa primera vez me había parecido un auténtico despropósito, era una obra maestra. Pero quedé como una *groupie* torpe. Entonces pasó algo tan delirante como iluminador (para mí). Nicotero, que, como mis colegas, había celebrado entre risas mi accidentada declaración de amor, intervino:

—*Quentin, she is one of the first female critics of horror movies!*

—*Oh, really? Are you? That is amazing!* —contestó Tarantino mostrando sorpresa y admiración.

Yo sonreía como una histérica y quería que el suelo sudoroso de ese antro me tragara. Fantaseaba con una muerte como la de Johnny Depp en *Pesadilla en Elm Street* (1984), en la que es absorbido por su cama cuando se queda dormido viendo la tele y el colchón escupe un espectacular chorro de sangre que cubre todo el techo.

Primero pensé que estaban bromeando a mi costa, pero, pese al sofoco, me lo estaba pasando demasiado bien para mosquearme. Y era consciente de que con mi comentario había sentado un precedente de cachondeo que iba a ser difícil desactivar. Pero no tardé en darme cuenta de que hablaban en serio, algo que Roberto me confirmó.

—¿Se están riendo de mí o estoy alucinando?

—Tía, que no, que lo creen en serio —me contestó muerto de risa.

—¡Anda ya! ¿Pero cómo van a creerse que soy una de las primeras críticas de cine de terror del mundo?

—Que te lo juro. Que se lo creen de verdad.

—Calla.

Estoy segura de que, si esa conversación hubiera tenido lugar en una terraza durante el día, con unos cafés con leche y unos cruasanes delante, hubiera sido distinta. No lo sé en el caso de Nicotero, pero es absolutamente imposible que Tarantino no se sepa al dedillo la historia de la crítica, especializada o no, masculina o femenina. Pero esa noche, poseído por el espíritu de la masculinidad del entorno, la fantasía de su colega pareció sonarle superconvincente. Nicotero no solo se había tomado la presentación de Roberto como una verdad absoluta, sino que encima le había añadido inconscientemente un toque de fantasía: ya no solo era la crítica de cine de terror más importante de España, de golpe ¡me había convertido en una pionera mundial! ¡Y eran solo las dos de la madrugada!

Tres menos cuarto: en la cama y completamente desvelada. A la vez que intentaba descifrar los ruidos que llegaban del pasillo del hotel, empecé a reconstruir en mi cabeza lo que había sucedido esa noche. Era evidente que la anécdota iba a darme mucho juego en las futuras sobremesas del festival, y así ha sido. La anécdota y mi foto con Tarantino, que es tan impresionante que mi madre la tiene enmarcada en casa como si fuera un retrato familiar. Pero me di cuenta de que, aunque era muy divertida, la historia encerraba algo que me alborotaba, me entristecía, me enojaba y me daba fuerzas, todo al mismo tiempo. Percibí una cosa que saltaba a la vista desde el minuto uno, pero que el pavo que llevaba encima me había impedido detectar. La anécdota era buena, sí, pero también me recordaba que una chica en el entorno del terror seguía siendo vista como algo exótico.

Por supuesto que no era una de las primeras mujeres que escribían sobre cine de terror. Pensé en Pilar Pedraza, en Sara Torres, en Begoña del Teso, en otras autoras a las que admiraba, y me dio tanta vergüenza que, aun estando sola, me tapé la cabeza con las sábanas. Pero, sin intención de igualarme a ellas, vi claro que tampoco era una entre un millón; también vi que, definitivamente, quería seguir dedicándome a esto y sabía más de películas de miedo que muchos de mis colegas. Esa noche, insomne en la cama del Meliá, intentando descubrir por las voces quién había en la fiesta de la habitación contigua, me sacudí, me cuadré y dije (porque lo verbalicé, y fantaseo con la idea de que los de la 303 me escucharan y jugaran a lo mismo que yo, a adivinar quién había en el cuarto de al lado):

—¡A la mierda, esto no puede ser, esto tiene que cambiar!

II

Tengo una foto del año pasado en Sitges, casi quince años después de aquella noche, que me encanta. Estamos sentados en torno a una mesa del bufé del Meliá varios sospechosos habituales del festival: algunos somos del equipo y otros lo cubren cada año para medios especializados. La mayoría llevamos media vida asistiendo religiosamente a Sitges. Mis acompañantes, todos chicos, van vestidos de negro, tres de ellos con las inconfundibles camisetas de películas de terror. Yo, a la derecha, parezco salida del catálogo de Zara.

Ahora ya no doy el cante, o no tanto. Los asistentes a Sit-

152

ges y, en general, a los festivales de cine de terror son más variados que nunca. Y, sobre todo, hay más chicas. La evolución ha sido progresiva y ha dado un acelerón los últimos años. Pero no hace tanto no era así. Para empezar, todo era más uniforme estéticamente. Cuando con veinte años cogía por la mañana el cercanías en Sants hacia Sitges, notaba cómo empezaban a cambiar los colores a mi alrededor. Igual que en *El mago de Oz* (1939), pero al revés. Casi todos los pasajeros eran hombres, iban vestidos de negro y llevaban camisetas parecidas, la misma melena larga al viento y la bandolera con el logotipo del festival, King Kong luchando contra las avionetas. Cuando llegaba a Sitges, los hombres de negro se multiplicaban como por arte de magia y subía con ellos en peregrinación desde la estación hasta el Meliá para llegar —con hambre y sueño— al pase de las ocho del Auditori, una de mis salas de cine favoritas. Nuestra imagen aérea debía ser como una procesión de Semana Santa, una mancha oscura y uniforme serpenteando hacia el hotel y apenas rota por el destello de luz que generaban mis mechas rubias. Y, al llegar al destino, cuando entraba finalmente en la sala, me sentía como si me hubiera colado en *El pueblo de los malditos* (1960) vestida de flamenca.

En la foto con mis compañeros está el reflejo de esos días. Me encanta esa imagen. Se nos ve felices y contentos, y lo estábamos. Pero me gusta sobre todo por lo que significa. Han pasado muchas cosas entre la pelea con el miembro del jurado, la anécdota de Tarantino o las peregrinaciones monocromáticas hacia el Meliá, y esa escena cotidiana.

—Voy a por café, ¿os traigo uno? —les pregunté.

Ya quedaban pocos días de esa edición de Sitges. Coincidir tantos colegas en una misma mesa durante los puntos álgidos del festival es prácticamente imposible.

—No, tenemos película ahora —me contestó Jorge, responsable de una popular cuenta de Twitter especializada en terror.

—¿Qué vais a ver?

—*Samurai Marathon*, la de Bernard Rose. ¿Qué tal está?

—No la he visto y no creo que pueda verla. Me coinciden todos los pases con presentaciones.

Desde hace años, parte de mi trabajo en Sitges consiste en presentar las películas y moderar encuentros y ruedas de prensa. Es una de las cosas que más disfruto (aunque siga poniéndome tan nerviosa como el primer día), pero tiene su lado negativo: por coincidencia de horarios, siempre me pierdo muchas de las películas que quiero ver.

—Pero cómo no vas a ver la de Bernard Rose, si eres la presidenta de su club de fans —dijo Xavi, mi amigo desde hace casi veinte años y compañero de *Marea Nocturna*, el podcast sobre cine fantástico y de terror que dirijo.

—Ya, debería verla. Aunque también te digo que es un poco bajón que sea de samuráis. ¿Da un poco de pereza, no?

—Pues vaya mierda de fan —bromeó Xavi—. ¿Habéis madrugado para *Color Out of Space* o la veréis esta noche?

—Esta noche, por supuesto. Ésa hay que verla en el pase de gala del Auditori —comentó Jordi, compañero del festival y también de *Marea Nocturna*—. Desi ya la ha visto.

—¿Ah, sí? —preguntaron Jorge, Tones y Javi al unísono, con curiosidad.

Tones y Javi también son especialistas en cine de terror. Y los tres, como el resto de la mesa (menos yo, que no lo tengo tan claro), están bastante convencidos de que Richard Stanley es un genio.

—Sí, la vi hace unos días.

—¿Y qué tal? —insistió, impaciente, Jorge.

—Es malísima. Os va a encantar.

Todos rompieron a reír. Pasé lo que quedaba de mi café a

un vaso de plástico para llevármelo, les guiñé un ojo con complicidad y me fui a presentar una de zombis. Sabía que jamás podría convencerles de que una película dirigida por Richard Stanley, protagonizada por Nicolas Cage e inspirada en un relato de H. P. Lovecraft era, en realidad, bastante mala.

Puede parecer una tontería, pero esa escena costumbrista dice muchas cosas, y no hubiera sido posible hace quince años. Hace quince años no habría imaginado que estaría a gusto e integrada en ese entorno profesional, o que algunos de esos coleccionistas de camisetas de películas de terror, chapas de Elvira y Misfits y Blu-Rays de películas inenarrables (y DVD, incluso VHS, porque los del terror tardamos en jubilar formatos) acabarían siendo muy buenos amigos. Y hace quince años ni siquiera les habría interesado mi opinión sobre *Color Out of Space* —probablemente ni se hubieran planteado que pudiera saber quién era Richard Stanley—, ni habrían conocido mi debilidad por el cine de Bernard Rose ni me habrían reído la gracia. Y, por supuesto, yo no me habría atrevido a cuestionar la excelencia de una película que sabía que estaba destinada a generar quórum, ni conduciría un podcast sobre cine de terror con dos de ellos y el director del festival de Sitges como compañeros.

Por supuesto, el cambio pasa por la experiencia. Como ellos, como todo el mundo, sé más ahora que hace quince años. Pero también se debe a otros factores. Uno tiene que ver conmigo, con mi dedicación, mi insistencia y mi obstinación cuando me lo han puesto (y me lo ponen) difícil. Otro, con una conclusión a la que tardé demasiado tiempo en llegar y me liberó de muchos complejos: ni hay una única manera de acercarse al cine de terror, ni la tuya tiene por qué ser peor que las otras. Y el tercero es un factor externo, un cambio de coyuntura al que me gusta pensar que he contribuido —y sigo contribuyendo— de alguna manera: aunque es solo el principio, las mujeres contamos ahora más en el cine de terror que nunca.

—Desi, ¿cómo estás? Te llamo para comentarte que tu texto no está bien —me dijo por teléfono el coordinador de un libro en el que había colaborado, un monográfico sobre cine de terror americano para el que había escrito un par de artículos.

El colega en cuestión no era un amigo cercano, pero sí una persona a la que conocía desde hacía tiempo, a quien admiraba y apreciaba, y con quien tenía buena relación.

—Ah, ¿cuál de los dos? ¿El temático o el de la película?

—Bueno, en realidad, los dos.

—¿No están bien porque hay algún error o porque no te gustan? —contesté con la voz algo temblorosa.

—No es que estén mal, sino que no están a la altura de los textos de los otros.

Con ese «de los otros» se refería a los diecinueve varones con los que iba a compartir publicación. De eso hace poco más de diez años, y ésa no era precisamente una formación atípica. En realidad no hace tanto de eso.

Vaya, ¿le doy una vuelta entonces?

—Sí, por favor. Me costó mucho convencer a algunas personas de que estabas a la altura de los otros colaboradores y no quiero tener que acabar dándoles la razón —me contestó.

Me dejó muerta. No por decirme que mi capítulo no le había gustado. Me dolió, claro, pero como coordinador estaba en su perfecto derecho de decidir y transmitirme si se ajustaba o no a lo que necesitaba, si le parecía un buen texto o no. Lo que me molestó fue esa alusión final a ciertas entidades misteriosas que habían decidido y compartido que yo no merecía participar en el libro. Ese comentario me pareció injusto y fuera de

156

lugar, y estaba segura de que ninguno de mis compañeros había recibido jamás una llamada así. Estuve paranoica e insegura una buena temporada. Me comí la cabeza intentando averiguar quién se lo habría dicho, cuando en realidad eso era lo de menos. Qué más daba si era verdad o si se lo había inventado: en ambos casos lo mezquino era habérmelo dicho. También me costó horrores rehacer unos textos que, cambiara lo que cambiara, nunca iban a «estar a la altura» de los de mis colegas: esa decisión ya estaba tomada. Sin embargo, aunque llevaba unos diez años en la profesión —he visto a compañeros hombres (auto)consagrarse en mucho menos tiempo—, mi inseguridad y un contexto más hostil que ahora me impidieron ver hasta qué punto su comentario estaba lleno de superioridad moral, machismo y mala leche.

Tengo anécdotas de ésas para dar y regalar. Algunas me hicieron daño. Otras me indignaron. Recuerdo especialmente cuando me llamaron de un programa de radio líder de audiencia para entrevistarme por una antología sobre cine de terror moderno. Tenía treinta años y no era la primera vez que publicaba en un libro, pero sí era la primera vez que escribía uno yo sola y estaba especialmente nerviosa. Como el magacín se hacía en Madrid, me convocaron en la delegación de Barcelona de la emisora, donde me encerraron en el peor estudio de todos. Después de una hora de espera, me encontré, sin vérmelo venir, con tres tíos al otro lado de la línea dispuestos a hacerme un *roast* en directo: el presentador y el comité de expertos al que habían reunido para la ocasión. No me preguntaron nada en los diez minutos que duró la encerrona, se limitaron a enumerar las cosas de mi libro que les habían parecido fatal, que eran básicamente todas. A eso y, las pocas veces que pude intervenir, a tumbar con risas cómplices mis opiniones. Más que a una entrevista, me habían invitado a escuchar en exclusiva una audiocrítica muy agresiva de mi libro. No daba crédito, llegué a pensar que había una cámara oculta y, en realidad, todo era una broma que estaba saliendo muy mal.

—Tampoco veo claro que hayas marcado el inicio del cine de terror moderno en *La noche de los muertos vivientes* (1968). Me parece un error grave —dijo uno de los jueces cuando, ingenua de mí, daba por hecho que el ataque no podía ir mucho más lejos.

—Vaya. Igual tendría que haberte llamado para consultártelo. —Tardé en reaccionar, pero al final lo hice.

—Muchas gracias, Desirée de Fez, y mucha suerte con tu libro —se apresuró a añadir el presentador estrella.

Y me descubrí, rodeada de cables y de cajas de cartón, sola frente a una espuma de micrófono que apestaba a humanidad, contestándole a la nada mientras sonaba, altísima, la sintonía del programa.

También ha habido anécdotas que, pese a su fondo lamentable, me han hecho reír por delirantes. Nunca olvidaré, por ejemplo, la cara de espanto del responsable de sala de una muestra de cine de terror a la que me invitaron para participar en un coloquio. Tal y como entré por la puerta de la sala donde se celebraba la charla, vino hacia mí y me puso en las manos una bandeja de cruasanes pensando que era una de las azafatas del evento.

—Ponlos en el centro de la mesa. Cuando estés, vuelve y te paso los termos de café.

—Oye, pues tienen una pinta buenísima. Yo si quieres los llevo, pero igual es raro que los sirva una de las ponentes —le contesté.

Avergonzado e incapaz de verbalizar una disculpa, me arrancó la bandeja con la mala suerte de tirar toda la bollería al suelo.

Otra viñeta antológica, una de mis favoritas, tuvo lugar en Sitges. Un día, mientras buscaba asiento en el Auditori, saqué con torpeza el móvil del bolso. Estaban a punto de apagarse las luces de la sala y quería cogerlo por si tenía que utilizar la luz de la pantalla para orientarme y ver dónde sentarme. Al hacerlo, salió disparado un tampax del bolso y cayó al suelo. Un chico se levantó amablemente para cogerlo y dármelo. Pero, al ver lo que era, lo tiró otra vez contra la moqueta dando un gritito. No pude contener la risa. Le sentó muy mal. Regresó a su sitio mirando al suelo, sacudiéndose las manos y refunfuñando. Estoy convencida de que no lo tiró porque se escandalizara, sino porque lo último que esperaría encontrarse en un templo de la masculinidad como ése era un tampón.

III

El cine de terror es uno de los géneros más sensibles al latir del momento, y no ha tardado en absorber y proyectar los tiempos del Me Too y del nuevo feminismo, una época en la que muchas mujeres hemos pasado de callar nuestros miedos a contarlos, compartirlos y enfrentarnos a ellos. Esto se nota en las películas hechas por directoras. Algunas son simplemente entretenimientos de género, lo que no las hace peores o menos valiosas. Pero la mayoría son expresiones rotundas y valientes de esos miedos. Se nota también en cómo miramos las películas de terror, las de antes y las de ahora, y en cómo nos cuestionamos decisiones discutibles o directamente horribles —sobre todo en relación con la representación de la mujer— que en otro tiempo nos pasaron desapercibidas. A ellos y a nosotras, a todos. Y se nota en un respeto y una atención mayores a nuestro trabajo como cineastas, analistas, críticas, comunicadoras o programadoras.

La historia está llena de mujeres sin las cuales es imposible entender el cine y la literatura de terror: Mary Shelley, Shirley Jackson, Daphne du Maurier, Angela Carter, Ann Radcliffe, Anne Rice, Susan Hill, Pilar Pedraza, Doris Wishman, Ida Lupino, Debra Hill, Claire Denis, Daria Nicolodi, Jackie Kong, Katt Shea, Antonia Bird, Kathryn Bigelow, Rachel Talalay, Barbara Peeters, Mary Lambert, Mary Harron, Lexi Alexander, Marina de Van... ¡Me dejo a tantas! Pero la realidad es que la sensación de integración, acogimiento y cierta idea de comunidad es bastante nueva. Nueva y relativa. El porcentaje de directoras que hacen hoy cine de terror sigue siendo escandalosamente inferior al de directores, y hoy en día ninguna ha acabado de romper la barrera de lo independiente o minoritario. Lo mismo sucede con el número de mujeres al mando o en puestos de responsabilidad de festivales especializados, muchísimo menor que el de hombres. Por eso no hay que bajar la guardia. En mi caso, confieso que aún voy avanzando pantallas con la impotencia de saber que la mayoría de las veces sigue dependiendo de la decisión de un hombre, de un colega en mejor posición que yo, que pase a la siguiente.

En todos estos años, por esta adicción al cine de terror, por tenerlo tan presente en cada momento de mi vida, ya he sido prácticamente todos los personajes femeninos de las películas de miedo: el ángel de venganza, el monstruo, la bruja, la madre siniestra, la vampira... A veces por decisión propia. Otras, sin darme cuenta. La mayoría, porque he sentido o entendido que otros me veían a sí. Pero, de todas esas encarnaciones, me quedo con dos de las que no quiero desprenderme. Una es, por supuesto, esa reina del grito que detiene escandalosamente la acción y se convierte en protagonista aunque solo sea por unos segundos. La otra es la *final girl*, la chica final, un concepto que creó Carol J. Clover en su ensayo *Men, Women and Chain Saws: Gender in the Modern Horror Film* para referirse a la última superviviente de las películas de terror, a la que llegaba hasta el final. Porque de eso se trata, de llegar hasta el final... Eso sí, lo ideal sería hacerlo sufriendo menos.

17

Babadook

MIEDO A LA PÉRDIDA

«Las mujeres (y los hombres) hemos tenido que lidiar parte de nuestras vidas con la idea de que tenemos que ser fuertes para sobrevivir en el mundo. ¿Qué pasa si ese paradigma estaba equivocado? ¿Qué sucede si nuestra verdadera fuerza se revela en nuestra vulnerabilidad y capacidad para aceptar lo frágiles que son realmente nuestras vidas?» Hace un tiempo tuve la suerte de entrevistar a la cineasta Karyn Kusama, que acababa de estrenar *La invitación* (2015). La admiro muchísimo. Su trabajo es imprescindible para entender el cine de terror contemporáneo y el papel importantísimo que jugamos nosotras en él: las que lo hacen, y las que lo analizamos y comunicamos. Al preguntarle sobre un posible patrón en las películas recientes del género dirigidas por mujeres, cuando le señalé la coincidencia de temas como la maternidad y la pérdida, me dio esa respuesta. Me impresionó. En el momento no supe muy bien por qué, pero su argumento me calmó y, de alguna manera, sentí que ponía las cosas en su sitio.

Días después, su comentario seguía dando vueltas en mi cabeza, y me di cuenta de que las películas de terror firmadas por directoras que tanto me habían impresionado últimamente iban de eso, de mujeres que se revelan fuertes en su habilidad para leerse a sí mismas, aceptar su vulnerabilidad y, a partir de ahí, gestionarla como quieren o pueden, a veces aceptándola y otras imponiéndose a ella. Sospecho que en otro momento de mi vida, cuando era más joven, la respuesta de Kusama me habría sonado a excusa, que hubiera preferido a otra mujer, a la guerrera menos consciente pero más fuerte. Hubiera preferido a Ripley, a Imperator Furiosa, a La Novia. Las amo, claro, pero, a punto de cumplir los cuarenta, era lo que necesitaba oír. Y era lo que explicaba por qué me parecían tan importantes y me llegaban tanto algunas de sus películas y de las de otras cineastas contemporáneas.

El tema de muchas de esas películas es la pérdida. Es lo que activa el relato y define a los personajes principales, la mayoría femeninos. Es así en *La invitación* (2015) de Kusama, donde una antigua pareja que perdió a su hijo se reencuentra en una reunión de amigos. Es así en *Babadook* (2014) de Jennifer Kent, sobre una mujer que se enfrenta a todo tipo de monstruos destrozada por la muerte de su esposo. Y es así en *Prevenge* (2016) de Alice Lowe, la aventura criminal de una treintañera que quiere vengar el asesinato de su novio. La pérdida es también el mayor de mis miedos. En todas sus modalidades. De la salud (la mía y la de las personas a las que quiero), de mi familia, de la cabeza.

Todas esas películas van de perder a alguien, pero más que indagaciones en el dolor son reflejos del miedo de sus protagonistas a no poder soportarlo al saberse vulnerables. A eso y a no saber cuidar de lo que permanece: una mente y un ánimo deteriorados (algo que comparten las tres), y las personas que dependen de ellas (los hijos de las protagonistas de *Babadook* y *Prevenge*). Las películas de Alice Lowe y Karyn Kusama, una comedia negra y un ejercicio de terror de cámara, son reacciones desesperadas al miedo a no poder convivir con ese dolor.

Sus protagonistas toman decisiones extremas y equivocadas, pero la consciencia de su fragilidad y la fuerza que sacan de ella son innegables. La de Kent, en cambio, detalla cómo ese miedo puede llegar a convertirse en un monstruo. *Babadook* es la recreación del dispositivo que Amelia (Essie Davis), su protagonista, una enfermera de cuarenta años desbordada por el trabajo y los cuidados de un hijo con problemas de conducta, despliega para encerrar literalmente a ese monstruo en un sótano y seguir con su vida.

Quizá no se haya hecho jamás una película de terror sobre el duelo más desgarradora que *Amenaza en la sombra* (1973) de Nicolas Roeg, sobre un matrimonio que se enfrenta en una versión siniestra y abstracta de Venecia a la muerte de su hija pequeña. Pero siento que en esa obra maestra el tema es más el dolor, el dolor como algo que se agarra a los huesos, que el miedo a no resistirlo y, sobre todo, a seguir perdiendo las cosas que permanecen y te importan. Aunque nuestros duelos sean distintos, aunque sea incapaz de imaginar una pérdida más dolorosa que la de Laura Baxter (Julie Christie), el recuerdo de su rostro y de su ingravidez es insoportable para mí desde que perdí a mi padre de forma repentina.

Han pasado dos años. En este tiempo, mi duelo ha cambiado y sigue cambiando, y he reconocido en distintas películas, no solo de terror, variaciones y sombras del dolor que he sentido en cada momento. Porque no es un dolor uniforme. Porque aparece todos los días, pero no siempre es igual. Sin embargo, el recuerdo de *Amenaza en la sombra* me devuelve automáticamente al principio del duelo, al principio del vacío y del lamento, al momento en el que supe que no volvería a ver a mi padre. Y me devuelve aquella tristeza como la recuerdo, sin variaciones, en seco, sin compasión.

Laura paseando por Venecia, arreglándose el cabello en el lavabo, desvaneciéndose en el restaurante, con la piel sonrosada después del sexo, rígida y hueca desplazándose en una góndola fúnebre. En esta última imagen, la protagonista aparece custodiada por dos médiums que, en un momento de la película, le hablan de su hija y le hacen creer que puede comunicarse con ella. Cuando pasó lo de mi padre, la imagen de esas dos mujeres se superponía en mi cabeza a la de las vecinas que vinieron al velatorio para acompañarnos, sexagenarias con el bolso debajo del brazo, con el mismo rictus, vestidas prácticamente igual que ellas. Sentada en un banco del tanatorio, me descubrí deseando que aparecieran las médiums de *Amenaza en la sombra* y me dio un ataque de risa, y de llanto, y de risa otra vez. En el momento pensé que invocar a esas señoras era producto del agotamiento. Ahora creo que era una forma —rarísima, eso sí— de negar lo que había sucedido. Como Laura, buscaba en ellas la posibilidad de no aceptar, de no dejar ir.

La cara de Laura en todas las situaciones, desde todos los ángulos (y mira que Roeg la observa desde ángulos poco probables, incluso imposibles), no deja de expresar ni un solo momento el dolor que te arrolla al principio del duelo, tan extraño y tan concreto a la vez. Para mí sigue siendo muy difícil entender cómo Julie Christie y Nicolas Roeg lograron algo así. Lo que hicieron, porque es obra de ambos, actriz y director, es sobrenatural.

—¿Por qué no te pones nunca ésta? —me preguntó Carlo al abrir mi cajón de las camisetas para robarme una.

—¿Cuál? —Sabía perfectamente que hablaba de la de *Amenaza en la sombra* porque es la primera que te encuentras al abrir el cajón, una edición limitada que una marca de camisetas sacó hace un tiempo con motivo de la restauración de la película.

—Ésta, la de *Amenaza en la sombra*. No la has estrenado aún, ¿no?

—No, es que es muy gorda y hace mucho calor.

—Pero si es como las otras, ¿no?

—Qué va, qué va. Es gordísima. Y negra. Paso de ir de negro en verano. Te cueces.

—Pues me la pongo yo.

—¡No! Déjala ahí, por favor. Pilla otra, la que quieras. La de Debra Hill está limpia. O mira en el tendedero, la tuya nueva de Prince debe de estar seca ya.

Carlo cerró el cajón tan tranquilo y caminó por el pasillo hacia el tendedero en busca de su camiseta favorita, que efectivamente se había secado durante la noche.

No me preguntó por qué no quería que se la pusiera, ni le molestó que no se la dejara. Debió de pensar que era una de mis supersticiones. Está acostumbrado y, aunque a veces no sabe disimular que le inquietan o hacen gracia, nunca ha intentado disuadirme de mis rituales para sobrellevarlas. Es así. Me pasa a menudo. Continúo rayándome con cosas por miedo a la mala suerte. Y eso sigue incluyendo películas, algo especialmente dramático cuando te gusta un tipo de cine en el que, por definición, pasan cosas horribles y puedes encontrar mil movidas con las que obsesionarte. Durante un tiempo fui incapaz de ver películas que incluyeran la palabra *muerte* en el título. Y da igual dónde esté sentada del sofá; si pasa algo en pantalla que me horroriza, me las ingenio para estirar el brazo hasta tocar el único marco de madera que hay en la pared y así evitar que me suceda a mí.

Pero mi bloqueo del día de la camiseta de *Amenaza en la sombra* no iba por ahí. Era otra historia. Había comprado dos iguales hacía un par de meses: una para un amigo y otra para mí. Me hace feliz descubrirle una película a alguien, aún más si la persona, la película o las dos cosas me gustan. Le había recomendado *Amenaza en la sombra* a Berto hacía unos meses y le había volado la cabeza, así que me pareció buena idea regalarle la camiseta. Es negra con el título original de la película en letras rojas. Le encantó. La lleva y le queda perfecta. Pero cuando encontré la mía en el buzón, me temblaron las piernas al instante. Subí impaciente en el ascensor y, nada más llegar a casa, la saqué del sobre mientras cruzaba el pasillo, la doblé con mucho cuidado sobre la cama y la puse encima del montón de mis camisetas favoritas. Supe de inmediato que no me la iba a poner nunca. Podría haber sido perfectamente por superstición, pero no lo fue. Solo me invadió una sensación profunda de tristeza. Pensé en Laura Baxter, pensé en ese dolor abstracto, pensé que echaba de menos a mi padre. La camiseta sigue ahí, doblada y perfecta. Me calma verla en el cajón, uno de los pocos rincones ordenados de una casa con niños, pero no la uso. Ni me la pongo yo ni dejo que se la ponga nadie. Tampoco sé si volveré a ver alguna vez esa película, una de mis favoritas.

Tengo la impresión de que las películas sobre el duelo femenino, sobre un proceso de pérdida, escritas o dirigidas por hombres van por un lado distinto de las concebidas por mujeres. Al menos, las que son realmente importantes para mí. Ellos observan y describen, reconstruyen con precisión el descenso de sus protagonistas ante la pérdida de alguien, de la cabeza, de la inocencia, de la integridad física o del millón de cosas que se les ocurra arrebatarnos. Muchos lo han hecho de forma magistral, con precisión y sensibilidad. He aprendido de sus películas. Han sido una puerta abierta al autodescubrimiento, aunque en determinados momentos hubiera preferido ahorrarme determinadas revelaciones. Pero, consciente de que una película como *El exorcista* anularía mi tesis, siento que la mayoría de esos cineastas están más enfocados en explicar nuestros deslizamientos, nuestro dolor y nuestros miedos que en mostrar cómo lidiamos con ellos. Me reflejo en sus películas y el reflejo me hace reaccionar. Pero no suelen hacer que me sienta menos sola, ni tampoco me ofrecen herramientas para combatir todas esas cosas. Por eso ha sido fundamental para mí la aparición de esa nueva generación de directoras de cine de terror que, tanto para hablar de la pérdida como de otros temas, han acabado con esa inclinación a observar desde afuera. No parece fruto de ningún plan, y es bastante probable que, si esa tendencia se vuelve demasiado consciente, acabe perdiendo su fuerza. Simplemente han formulado sus películas desde la intimidad y la experiencia, han incorporado ese giro. *La invitación*, *Prevenge*, *Crudo* o *Babadook* van de lo que nos pasa, pero sobre todo van de lo conscientes que somos y de cómo le hacemos frente.

—*Babadook* está bien, pero tampoco mata. Yo creo que te has flipado un poco. Con esa película te pasa como con las de Ari Aster, que las defendiste al principio y ahora no te atreves a reconocer que no te gustan —me dijo Jota mientras hacíamos cola en un cine un domingo por la tarde.

—Ah, mira qué bien. ¿Ya lo has decidido? —le contesté con más guasa que enfado.

—¿El qué?

—Que *Babadook* es una mierda y yo no tengo ni idea.

—Va, reconoce que no es para tanto. A mí me lo puedes decir, no se lo contaré a nadie.

—Claro que me gusta *Babadook*. El problema lo tienes tú, que no te gusta y es buenísima.

—Venga, reconócelo. No te gusta.

—¿Me lo dices en serio? Pero qué morrazo tienes. Sabes que me flipa esa película. Y las de Ari Aster. No sé por qué te molesta tanto.

—¿*Midsommar* también?

—También.

Jota es director de cine y quizá la persona con la que más he hablado de películas en toda mi vida. Me gustan genuinamente las suyas, y no porque sea mi amigo. Y me gusta su manera de ver las películas de los demás. Lo único que llevo mal es que no soporte que me gusten cosas que a él no. Eso, y que finja que mis argumentos a favor no le cuelan cuando sé ver en su cara si le he convencido (más o menos). Solemos tener conversaciones como ésa, son un *running gag* en nuestra amistad, una especie de matrimoniadas cinéfilas que se repiten esporádicamente. Y lo normal es que acabemos discutiendo y sin hablarnos varios días, hasta que uno de los dos cede y le envía un WhatsApp al otro con cualquier tontería, como si no hubiera pasado nada.

—Es que no sé qué le ves a *Babadook* para que te parezca tan obra maestra —insistió—. Vale, está bien dirigida, pero es más de lo mismo. Otra película de madre chiflada con hijo diabólico.

—Pues yo no lo veo así. Y me parece raro que tú, que te dedicas al cine, hagas una lectura tan superficial. Además, tienes una película parecida. Lo sabes, ¿no?

—¿Te gusta más *Babadook* que la mía?

—Calla, anda.

—No, ahora en serio, Desi, no me digas que no has visto esa película mil veces antes.

—No, no la he visto mil veces antes. He visto películas con un punto de partida parecido, pero no están contadas así. ¿De verdad crees que va de una loca con un hijo diabólico? —le pregunté un poco más seria que hasta el momento.

170

—A ver, loca está. Y el niño es de hostia. ¿O no? —me contestó en un intento fallido de recuperar el tono ligero inicial de la conversación.

—Ya, pero contado así parece que estés hablando de una explotación de, no sé, *La profecía*.

—¿Pero el niño es de hostia o no?

—Sí. Pero la película no va por ahí.

—Vale, no es una explotación de *La profecía*... ¿O sí? —me preguntó con intención evidente de chincharme.

Sabía perfectamente que *Babadook* no es para nada eso, y que es una película extraordinaria, aunque a él no le entusiasme.

—No. Y lo sabes. A mí me parece una película superambiciosa y superarriesgada. Y me identifico mucho con ella.

—¡Anda ya! ¡Pero si tus hijos son monísimos! ¡No puedes compararlos con ese monstruito! Y tú tienes tus movidas pero no estás loca, tía.

—Ya, pero es que para mí *Babadook* va de eso, de ser excesivamente consciente de esas movidas. Y de tener miedo a no saber cómo manejarlas y enloquecer. No es ninguna tontería, joder. ¡Claro que está llevado al límite! ¡Es una película de terror! ¡Con monstruo! Pero pocas películas expresan cosas tan complejas con esa contundencia.

—¿Pero qué cosas?

—Ay, Jota, el miedo a perder la cabeza por tanta presión, a no entender a tus propios hijos, a no sentirte acompañada, a fracasar en el intento de conciliar familia y trabajo... Es una movida, tío. Es todo lo que tú quieras menos superficial...

Justo cuando la cosa se ponía interesante, cuando estaba explicándole a través de *Babadook* cómo me sentía en esa etapa de mi vida, una pareja se acercó para pedirle que se hiciera una foto con ellos.

Me tocó hacer la foto, que acabó subida a Twitter.

—Mira, los de antes —me dijo Jota mirando sus notificaciones mientras salíamos de la sala.

—A ver.

—Vaya foto, tía. Podrías habértela currado un poco.

—Pero si estás bien. Además, es una foto histórica.

—¿Por?

—Porque inmortaliza el momento exacto en el que te diste cuenta de que *Babadook* es una obra maestra. Mira qué cara de pavo. Voy a retuitearla.

—Calla.

A Jota sigue sin acabar de convencerle *Babadook*. Pero un día me dijo que la consideraba importante porque para mí lo era. Y, al decirme eso, todavía se volvió más importante para mí. Tanto esa conversación accidentada sobre la película como las que vinieron después, más tranquilas, me sirvieron para compartir indirectamente con él los miedos que me conectan a la película de Jennifer Kent. El miedo que me da enfermar desde que soy madre. El miedo a no hacerlo bien con mis hijos, a no entenderles cuando más me necesiten. El miedo a perder la cabeza y desintegrarme en el intento de sacarlo todo adelante, de cumplir esa fantasía de hacer bien mi trabajo, ¡incluso de no acabar odiándolo!, y a la vez no tener la sensación de ser un aprobado bajo como madre, como novia, como hija y como amiga.

Jota y yo nos conocemos desde hace más de veinte años. Ha habido épocas en las que la vida nos ha distanciado un poco, pero no han conseguido separarnos ni mi maternidad ni sus eternos rodajes en otros países. Sin embargo, siempre nos ha costado horrores contarnos la vida de forma directa, deteniéndonos en los detalles y hablando frontalmente de lo que nos preocupa. Solemos hacerlo a través de las películas que vemos, la mayoría de género fantástico o de terror, filtrando en nuestros comentarios y conversaciones lo que opinamos y cómo nos sentimos. Hasta para eso, para ayudarme a relacionarme con mi mejor amigo, tan tímido como yo, me ha servido el cine de miedo.

El panorama de Amelia es infinitamente más oscuro que el mío, y *Babadook* abarca realidades (entre ellas, la enfermedad mental) que por suerte no están en mi vida. Pero, aunque mi monstruo no da tanto miedo como el suyo, también es una proyección de cómo me siento. En el diseño del Babadook, el monstruo que visita cada noche a Amelia y a su hijo, se mezclan las ilustraciones del extraño cuento infantil que encuentran en casa; las imágenes de los dibujos animados que la protagonista ve de madrugada desvanecida en el sofá, entre la vigilia y el sueño, agotada después del largo día; la silueta de los objetos que conserva de su esposo fallecido. Mi monstruo es más pequeño, más amable y bastante más guapo, pero también está hecho de fragmentos. Está hecho de trocitos de experiencias dolorosas, de bajones de ánimo, de preocupaciones, de dudas y de imágenes que retengo sin darme cuenta y me vienen a la cabeza antes de dormir.

El cine de terror está lleno de personajes femeninos con enfermedades mentales o inestables psicológicamente: histéricas, neuróticas, paranoicas, deprimidas... Hay un abismo entre lo que veía en esas mujeres hace años y lo que veo ahora. Si antes las sentía ajenas, personajes lejanos y abstractos al servicio del terror, de mi necesidad de excitación y sobresaltos, ahora las observo y me busco (y a veces me encuentro) en ellas. Aunque, una vez más, me dé mucho miedo.

18

The Love Witch

MIEDO A QUE FALLE EL HECHIZO

En *The Love Witch* (2016), otra película maravillosa dirigida por una mujer, la protagonista, Elaine (Samantha Robinson), una bruja moderna con el físico de Soledad Miranda y vestidazos *vintage*, fabrica una pócima con su orina y su sangre menstrual. El objetivo: utilizarla en el ritual de despedida del último amante que la ha decepcionado... y al que ha tenido que asesinar. «Los tampones no son asquerosos. Las mujeres sangran, y eso es precioso. ¿Sabes que la mayoría de los hombres no ha visto un tampón usado? —reflexiona mientras introduce el suyo en el frasco de cristal en el que prepara la poción—. Ahora una parte de mí puede estar con Wayne... para siempre.» Wayne es el amante al que se ha cargado.

Ese día pensé tres veces en Elaine, el tampón y el ritual.

—Nacho, ¿sabes qué estaría muy bien? Que el curso que viene solo pusierais películas dirigidas por mujeres.

—¿A qué te refieres? ¿A hacer un ciclo de cine dirigido por mujeres? Creo que a estas alturas ya no es necesario, eso está más que superado. —No estaba de acuerdo ni con una cosa ni con la otra, pero le dejé continuar—. Piensa que *casi* la mitad de las películas que hemos programado este año son de directoras; justo la clase de ayer fue sobre *Los viajeros de la noche*, la de Kathryn Bigelow.

—No, no, no me refiero a hacer un curso específico sobre cine dirigido por mujeres, sino a que el año que viene solo programéis en éste películas dirigidas por mujeres.

—¿Pero así, sin avisar?

—Sí, claro, sin avisar. El ciclo son veinte películas importantes de la historia del cine de terror, ¿no? Pueden ser perfectamente todas ellas dirigidas por mujeres.

Nacho era el coordinador de un área de la escuela donde impartía clases de forma esporádica. Yo solo daba clases en ese curso, que funcionaba desde hacía una década y cada año estaba dedicado a algo distinto, ya fuera un género o un tema. En alguna edición no se había puesto ninguna película dirigida por una mujer. En su momento no me di cuenta, no me cuestioné por qué todas las películas que me tocaban estaban firmadas por hombres, por lo que supongo que no tengo ningún derecho a echárselo retrospectivamente en cara ni a él ni a la escuela. La estructura de las sesiones era sencilla y agradable: primero veíamos la película, después hacía una pequeña ponencia y, la última media hora, conversaba con los alumnos. Esa mañana había ido a dar una clase sobre *Suspiria* (1977), una de mis películas favoritas. Le había parecido un horror a la mayoría de los alumnos e hice considerables esfuerzos para que no notaran mi asombro. Salvo dos entusiastas de Dario Argento, el resto solo salvaban los colores. La pesadilla de Suzy (Jessica Harper), una estudiante de ballet estadounidense, en una academia alemana de danza dirigida por brujas les parecía inverosímil... y ni podían ni querían aceptarlo.

Si era compatible con sus horarios, Nacho asistía a las sesiones y participaba en las tertulias. Ese día se quedó. De hecho, era uno de los dos entusiastas. No recuerdo a cuento de qué, pero le hice esa sugerencia hacia el final de la clase, delante de los alumnos.

—Ya sabes que esta escuela es muy feminista y cuidamos mucho esas cosas, pero no lo acabo de ver. —En realidad, era la primera noticia que tenía de su feminismo—. Igual tendría sentido organizar un curso específicamente sobre directoras, pero ahora mismo lo veo muy difícil porque ya nos cuesta mucho llenar éste —me contestó con sinceridad pero algo vacilante.

Pensé que no estaba bien intentar convencerle de lo contrario delante de los alumnos. Así que me comí la sugerencia y di por finalizada la sesión. Mientras cerraba el ordenador y recogía mis cosas, aproveché para preguntarle algo a lo que llevaba un tiempo dándole vueltas.

—Oye, Nacho, he visto que hay un profesor nuevo en el curso, y por supuesto me parece estupendo. Es bastante bueno, además. Nunca he ido a una clase suya, pero me gustan sus textos.

Y era verdad. Se trataba de un crítico mucho más joven que yo (dato, como el hecho de que fuera un hombre, que en otro contexto podría no haber tenido importancia, pero que en éste sí) al que leía asiduamente.

—Sí, sí, ya ha dado un par de sesiones y los alumnos están muy contentos.

—Qué guay. Oye, una cosa, seguro que no tiene nada que ver pero... ¿por qué me has asignado tan pocas clases este año? Solo tengo tres.

—Desirée, a ver —me contestó medio en serio medio en broma, cambiando la voz como si se estuviera dirigiendo a una niña de tres años—. Cómo te voy a dar más clases si el año pasado me dejaste colgadas varias con excusas de tus hijos, que si estaban resfriados, que si tenían fiebre, que si te había dejado tirada la canguro...

No supe cómo reaccionar. Cuando me quedé sola en clase, medio a oscuras, me dejé caer en la silla. En mi cabeza retumbaba la frase que le había escuchado minutos antes: «Ya sabes que esta escuela es muy feminista, ya sabes que esta escuela es muy feminista, ya sabes que esta escuela es muy feminista...». Vi entonces que el proyector seguía encendido. Nacho había olvidado apagarlo al salir. Cuando acababa la película, solíamos volver a ponerla de fondo sin volumen como escenografía del coloquio. Me giré y vi a Jessica Harper bamboleándose como una peonza y a punto de desvanecerse en clase de danza. Miguel Bosé, al que siempre me sorprende ver en la película aunque me la sepa de memoria, la miraba de reojo enfundado en un maillot.

Era evidente que le funcionaban mejor los profesores que las profesoras; de hecho, todos eran varones menos yo. El nuevo no llegaba a los treinta y no tenía hijos: el fichaje perfecto. Volví a casa medio indignada y medio hundida. No solo me había dejado atónita la desfachatez con la que había convertido mis urgencias en «excusas». O la inferencia, por mucho teatro que le pusiera hablándome como si fuera mi abuelo, de que las madres «dábamos problemas». Lo más asombroso era que, por la torpeza con la que lo había dicho, probablemente se trataba de la primera vez que se encontraba en esa situación y contestaba así a alguien del equipo. Eso solo podía querer decir dos cosas. Una: que en diez años ningún profesor varón había tenido que cancelar una clase para quedarse con sus hijos enfermos en casa o salir corriendo por una llamada del colegio. Otra: en caso de que eso realmente no hubiera sucedido nunca, que creía que algo así solo podía pasarle a una mujer.

Pensé en Elaine, el tampón y el ritual.

El segundo disgusto del día tuvo lugar en una llamada de móvil, mientras comía. Tenía que quedar con Xavi para preparar la grabación de *Marea Nocturna*, pero, por problemas de agenda, acordamos apañarlo por teléfono. Habíamos coincidido el día antes en el pase de prensa de *El hombre invisible* (2020) de Leigh Whannell, una nueva versión de la novela de H. G. Wells que tiene la particularidad de estar contada desde el punto de vista de la víctima en vez de desde la perspectiva del monstruo. En cuanto vi la cara que puso cuando le dije que la película tenía cosas que no me convencían, lo supe: íbamos a acabar peleándonos. No sería la primera vez. Admiro a Xavi, y se me ocurren pocas personas que amen el cine de terror con tanta pasión como él. Pero no siempre coincidimos y esporádicamente aparece alguna película que nos hace llevar nuestras diferencias de opinión al siguiente nivel, el de los gritos y los reproches. Todo empezó cuando nos peleamos a grito pelado (y en público, muy mala idea) por *The Lords of Salem* (2012). A él le entusiasma y a mí, no. Estuvimos todo un festival de Sitges sin hablarnos. Me gustan mucho otras películas de Rob Zombie, pero mi poco entusiasmo por ésa, cuyo cuestionamiento suele ser visto como un sacrilegio, sigue siendo usado esporádicamente por mis colegas para recordarme lo siguiente: «En realidad no te gusta el cine de terror».

No soporto que me digan eso. O: «No sabes distinguir el verdadero cine de terror». O: «Es porque no has leído a Lovecraft» (¿tú qué sabes lo que yo he leído?). O por supuesto: «No la has entendido». En realidad, lo que no soporto es la existencia de una especie de acuerdo tácito sobre quién es un auténtico fan del cine de terror y quién no. Ni el rechazo de las opiniones que —sean acertadas o equivocadas— se salen de los veredictos oficiales, los aprendidos y perpetuados por una especie de fe incondicional en un género al que tampoco le pasa nada si no le das la razón siempre.

—He leído tu crítica de *El hombre invisible*. ¿No decías que no te había gustado? —me preguntó Xavi por teléfono.

—No dije eso, dije que me generaba dudas. Me gusta, pero creo que a ratos se pierde, que se va del terror y coge un tono de cine social que no me convence.

—A ver, Desirée, con todo el cariño, creo que te equivocas cuando dices que es una película consecuencia del Me Too. Hay muchas películas de terror que van de lo mismo, es una película sobre acoso, como *El ente*.

—¡Sí, pero no! Tiene muchas cosas en común, claro, pero el concepto es otro. Aquella película es oscura pero juguetona, está más pendiente de lo fantástico que de lo social. Su trasfondo, que es verdad que está, es más inconsciente. Aquí, en cambio, toda esa carga es deliberada. Ésta va claramente de violencia machista, del silencio de las víctimas, de la necesidad de creerlas. Es una película ultraconsciente del presente, parte de una indignación y una necesidad de denuncia totalmente conectadas con nuestros tiempos.

—¡Qué dices! ¡Lo planteas como si fuera una película de Ken Loach! ¡Pero si es muy divertida! —me contestó fingiendo indignación.

—¡Es efectiva! ¡Claro! Es una buena película de terror porque Leigh Whannell es una máquina. Joder, sabes que soy superfan de ese tío.

—De verdad, Desirée, sabes que te quiero, pero no la has entendido.

Pensé en Elaine, el tampón y el ritual.

Sé que nunca he dado el perfil. Ni tengo un pasado gótico, ni leía a Henry James con ocho años, ni llevo tatuajes. Y en mi armario hay más vestidos de flores que camisetas negras. Cuando empecé, acepté automáticamente ese tipo de réplicas. Incluso me las tomé como verdades absolutas: mis compañeros, todos hombres y mayores que yo, siempre tenían la razón. Más adelante, aunque no estuviera de acuerdo con todo, seguí aceptando sus réplicas por aquello de la necesidad de aprobación y del miedo a no encajar. De forma inconsciente, debí pensar que la mejor manera de que me tomaran en serio era seguirles la corriente. Por suerte eso se me pasó. Sin embargo, aún arrastro las secuelas de otra explicación un poco más compleja a ese dejarme llevar.

William Friedkin, Roman Polanski, John Carpenter, George A. Romero, Richard Donner, Brian De Palma, David Cronenberg, Tobe Hooper, Wes Craven, David Lynch... Tanto las películas con las que descubrí el terror como las que me llevaron a dedicarme a él están firmadas por directores. La imagen de las protagonistas femeninas de muchas de esas películas contribuyó a mi fascinación. De hecho, algunas deberían estar firmadas a medias por sus directores y sus actrices: *La semilla del diablo* (1968), *El exorcista* (1973), *Carrie* (1976)... Pero, por mucho que les busque la vuelta y en algunas haya mujeres increíbles en la sombra, no puedo negar la evidencia: son películas hechas por hombres. Por otro lado, la mayoría de los libros, revistas, fanzines y artículos sobre terror que leí durante años estaban escritos por hombres. Y mi entorno profesional, empezando por el festival de Sitges, ha sido esencialmente masculino. En definitiva: hasta hace poco, casi todos mis colegas en lo del terror eran chicos. ¿Cómo te defines cuando la mayoría de tus referentes son hombres? Antes, como podía. Ahora, siendo superconsciente del terror contemporáneo hecho por mujeres y volviendo de manera continua atrás en busca de todo lo que se me escapó, persiguiendo el canon que pudo ser y no fue.

Cuando se estrenó *Jóvenes y brujas* (1996), otra magnífica película de brujas, tenía diecinueve años. La vi en el cine con mi primo Angelito y me encantó. A él no tanto, así que las cinco veces siguientes fui a verla sola. Mis problemas de aclimatación en la universidad, donde al principio me costó socializar, y una atracción crónica por las personas con problemas hicieron que conectara instantáneamente con esa película sobre una adolescente con poderes psíquicos que llegaba a una nueva ciudad y se hacía amiga de tres chicas marginadas. Salvo a los poderes, podía agarrarme a un montón de cosas. En ese momento ya había sido captada por la fantasía y el terror, pero justo esa película me gustaba más por su oda a la marginalidad y a la amistad entre chicas que por el pandemonio final.

Así permaneció en mi recuerdo hasta hace poco, cuando la vi por trabajo y aluciné al comprobar cómo se avanzó a los tiempos. También pensé en lo bien que me habría venido en su momento interpretar la afición del cuarteto protagonista por la brujería como algo más que una herramienta para acabar con sus problemas. Había sido un error fiarme tanto de mi memoria y no volver a verla desde entonces. Por dejadez, había infravalorado una de las ideas más potentes de la película: la posibilidad de que un grupo de mujeres pudiera estar unido por su atracción por lo oscuro, lo sobrenatural, lo desconocido. No es lo mismo ser bruja que escribir sobre cine de terror... pero a lo largo de todo este tiempo no me habrían venido mal ni esa sensación de comunidad, ni los poderes, ni haber sido invitada a algún que otro aquelarre.

Como tantas películas de entretenimiento de los noventa, *Jóvenes y brujas* acaba en zapatiesta. Desemboca en una espiral caótica de escenas y en un baile de contradicciones. Pero el resto es una delicia, incluida la presencia de Assumpta Serna como dueña de una tienda esotérica. Quedé atrapada y fascinada por los estilismos de las chicas, por sus conflictos adolescentes, por Fairuza Balk, una de las primeras actrices a las que amé. Pero, en un momento en el que Internet no era lo que es ahora, la amistad entre esas chicas raras no me sugirió la posibilidad de una hermandad de mujeres —desperdigadas por el mundo— que se sintieran tan atraídas por el terror como yo.

Las cosas están cambiando. Cada vez hay más mujeres dirigiendo películas de terror, estudiándolas, escribiendo sobre ellas. Y es emocionante asistir a la configuración de una comunidad cada vez más grande. Ahora tengo más colegas a las que leer y escuchar sobre cine de terror, con las que conversar. Una mayor consciencia del presente y saber que están ahí y desafían las interpretaciones únicas hacen que me cuestione más el cine de terror que veo (y que vi), que lo explore sin miedo, que no tema tomar riesgos en mis análisis e interpretaciones o equivocarme.

El romance entre mujeres y terror se remonta al origen de los tiempos, y claro que he tenido referentes femeninos. Pero, hasta hace poco, tanto por una cuestión de proporción como porque el foco estaba siempre sobre ellos, los masculinos los habían eclipsado. A muchas de las directoras sin las que hoy no entiendo el terror las he descubierto los últimos diez años. Ojalá hubiera percibido esta sensación de colectivo cuando empecé. Ojalá hubiera tenido veinte años cuando aparecieron o descubrí las películas de Jennifer Kent, Karyn Kusama, Ana Lily Amirpour, Lucile Hadzihalilovic, Ana Biller, Alice Lowe, Leigh Janiak, Issa López, Julia Ducournau y tantas otras cineastas que exploran sus emociones, toman el pulso a los tiempos y están desarrollando nuevas narrativas femeninas en el género. ¡Y ojalá hubiera entendido mejor en su momento *Jóvenes y brujas*! Pero en aquella época me proyectaba más en el póster de *Jóvenes ocultos* (1987), rodeada de chicos vestidos de negro y apoyada en el hombro de Kiefer Sutherland, decolorado y con greñas, que en el de cuatro chicas, también de negro, caminando hacia el frente con seguridad y dejando atrás los rayos y los truenos.

Sin embargo, es fundamental no bajar la guardia porque la imagen general sigue estando más cerca del póster de *Jóvenes ocultos* que del de *Jóvenes y brujas*. La proporción equitativa sigue siendo una fantasía. Lo de las chicas en el terror es todavía un fenómeno minoritario, y muchos pasos adelante siguen dependiendo de la aprobación de un hombre, sea el jefe de un estudio, un productor, un editor o el director de un festival de cine. Se da también un fenómeno curioso: cada vez salimos más en las conversaciones, eso es cierto, pero da la casualidad de que eso sucede casi en exclusiva cuando se pregunta al respecto directamente o cuando hay un altavoz delante. Pongo un par de ejemplos. Desde hace un tiempo, cuando se anuncia la programación de un festival, se hace hincapié en la presencia de películas dirigidas por mujeres. Y si un cineasta concede una entrevista extensa a un medio relevante y se le pregunta por el estado actual del cine de terror, es bastante probable que le dedique unas palabras al buen hacer de sus compañeras. Palabras, por otro lado, con muchos números para convertirse automáticamente en el titular. ¿Pero qué pasa cuando no hay un megáfono a la vista? ¿Qué pasa cuando esa alusión no es, al menos en parte, deliberada y estratégica? Pues que cambia bastante la cosa. Claro que hay excepciones: hay gente haciendo un trabajo extraordinario para visibilizar a las mujeres en el terror. Pero por lo general nuestros nombres salen pocas veces de forma natural y espontánea cuando no hay nadie mirando. No hace mucho, localicé por casualidad un podcast muy pequeñito, de muy pocas escuchas, cuyo conductor, al que no conocía de nada, había tenido la suerte de liar a un número generoso de cineastas muy conocidos, todos varones y de distintas disciplinas, para charlar sobre terror contemporáneo. Juro que, en los ocho episodios que escuché, en total solo se citó a una mujer.

El mismo día de la clase, la llamada de móvil y mi decepción general, tenía una reunión por la tarde con un colectivo que preparaba una muestra de cine de terror dirigido por mujeres. Ni les conocía ni tenía referencias de ese grupo, pero evidentemente el tema me interesaba y por mail parecían simpáticos. Me habían convocado en una cafetería de la calle Enrique Granados, toda de madera y adornada con obras de artistas barceloneses, y llegaba tarde. Suelo ser puntual, pero me había bajado la regla y había tenido que tumbarme un rato.

Al entrar, los vi alrededor de una mesa de trabajo del fondo: cuatro chicos. Eran ellos, no había pérdida. El resto de los clientes estaban solos, agazapados e iluminados detrás de las pantallas de sus MacBooks. Llegué a la vez que el camarero, que les sirvió unos zumos en esos vasos espantosos (y tan poco prácticos) con forma de tarro de conservas que se pusieron de moda hace un tiempo. Que fueran cuatro chicos no me hizo ilusión, pero tampoco me sorprendió demasiado. Y agradecí que me dijeran que los dos miembros del colectivo que faltaban eran chicas. Sí me molestó (aunque tampoco me sorprendiera) lo que pasó a continuación, una vez que me contaron la idea que tenían en mente.

—Está muy guay, pero no sé en qué os puedo ayudar —les contesté con total sinceridad.

Sabían de lo que hablaban, tenían claro lo que querían hacer y no me habían pedido un solo consejo. En ese punto empezaba a no entender para qué me habían llamado.

—Bueno, hemos pensado que, si te pareciera un proyecto guay, igual podrías hablarle de él al director del festival de Sitges para buscar una colaboración.

—Vaya.

Justo en ese momento me entró una llamada de teléfono. Me levanté sin decir nada. Me encerré en el lavabo. Y, sentada en la taza del váter, mientras le contaba por teléfono a la canguro (a la que había tenido que llamar para poder ir a esa reunión de forma altruista) la dosis de Apiretal que le tocaba a Elliott, me quité como pude el tampax.

Colgué, me quedé embobada mirando el tampón empapado de sangre e hice una asociación directa entre el rollo de celulosa carmesí y los vasos de zumo que les habían servido a los del colectivo. Y los vasos de zumo me llevaron a las tazas de café, a las copas de vino y a las cervezas de tantas charlas, mesas redondas y festivales donde la inmensa mayoría de invitados y ponentes seguían siendo hombres.

Y pensé en Elaine, el tampón y el ritual.

19

Tales from the Loop

ROMPER EL BUCLE DEL MIEDO

En casa, y por en casa me refiero a los momentos en los que estamos los cuatro, Carlo y yo vemos muy pocas series. En realidad, vemos muy poco de todo. Básicamente vemos películas infantiles y, si hay suerte, algunas que no lo son. Estas últimas —que no siempre son las mismas para los dos— las ponemos a horas intempestivas, cuando los niños se han dormido y no nos quedan fuerzas ni para encender el ordenador. Por eso, porque nos pillan ya con la energía por los suelos, las acabamos viendo en varios días, a veces dudando sobre si el punto de arranque de la película es el mismo en el que la dejamos la noche anterior. Quizás esas películas vistas a trozos llenen para nosotros el espacio que en otros tiempos ocuparon las series. Quizá ya cubran esa necesidad de engancharnos a algo y por eso no vivamos como un drama no poder estar al día de todas las novedades en series. Dicho esto, las buenas las acabamos viendo. Como sabemos lo que cuesta encontrar un rato para ver algo, hemos desarrollado un sexto sentido que nos hace detectar rapidísimo si la serie del momento es realmente buena o es otra tomadura de pelo. Rara vez nos equivocamos.

No hace mucho, tuve la corazonada de que *Tales from the Loop* (2020 en adelante) me iba a gustar. Está inspirada en unas ilustraciones del artista sueco Simon Stålenhag en las que la tecnología más sofisticada y extraña se cruza con escenas rurales cotidianas: robots que caminan sobre la estepa nevada, misteriosas esferas metálicas que se fusionan con la naturaleza, niños que juegan en un paisaje invadido por una colosal tecnología retro. Evidentemente, mi atracción por la serie tenía que ver con que es una propuesta de género, de ciencia ficción. Pero la cosa iba más allá. Había una especie de misterio en las imágenes que había cazado de ella al vuelo que me llamaba muchísimo la atención.

Un domingo de lluvia, en un acto de insólito optimismo porque sé que soy incapaz de concentrarme en nada si tengo a mis hijos dando vueltas a mi lado, puse después de comer el primer capítulo. Elliott y Nico jugaban a mi lado con su cocinita de madera, uno de tantos juguetes que debieron de cansarse de estar en la habitación de los niños y se salieron al comedor. Es un auténtico fenómeno paranormal: un día te das cuenta de que tienes varios trastos de tus hijos instalados en el salón, curiosamente los más grandes, aquellos que no han podido arrastrar sin ayuda, y no recuerdas cuándo los pusiste allí. Están integrados a la perfección en el espacio, como la tecnología en las postales rurales de Stålenhag.

El escenario de *Tales from the Loop*, cuyos capítulos son independientes pero están delicadamente conectados, es una ciudad imaginaria de Ohio que acoge unas instalaciones de alta tecnología. Ese centro de experimentación, sobre el que hay un halo de secreto y misterio, condiciona de distintas maneras las vidas de los habitantes del lugar. Nunca imaginé hasta qué punto iba a impresionarme su primer capítulo. Supongo que se juntaron tres factores. Uno, que me llegó en el momento idóneo. Dos, que me pilló con la guardia baja. Y tres, que la realidad se coló en él de una forma tan pura e inocente que lo engrandeció. No sé si el capítulo es bueno de verdad o si solo lo es para mí, pero esta vez ni quiero investigarlo ni me preocupa demasiado. Para mí es una pasada.

Ese primer episodio de *Tales from the Loop* está dirigido por Mark Romanek y tiene algo en la atmósfera y en el ánimo que me lleva de manera automática a una película suya que me entusiasma, *Nunca me abandones* (2010), la adaptación de la novela de Kazuo Ishiguro. Se titula *Loop*, y su protagonista es una niña (Abby Ryder Fortson) que tiene mucha curiosidad por saber cuál es realmente la misión de su madre, una mujer joven que apenas tiene tiempo para ella y vive absorta en su trabajo, en las instalaciones tecnológicas de la ciudad. Cuando la mamá desaparece de forma misteriosa, la pequeña emprende una búsqueda por esa localidad fría y nevada que la lleva hasta otra mujer con una edad y un físico similares a los de su madre. Esa mujer se llama Loretta (Rebecca Hall) y resulta ser ella misma de mayor.

Aunque venía intuyéndola desde el principio, la revelación me partió por la mitad. Me puse automáticamente en la piel de Loretta, e imaginar la posibilidad de descubrirme a mí misma frente a la persona que fui hace tantísimo tiempo me aterrorizó. Me di cuenta de golpe de que había algo tan difícil como compartir mis temores: confesárselos a quien había sido yo en el pasado. Y era así porque eso suponía darme de bruces con las cosas que había dejado pasar, con las que había echado a perder, con las que había hecho mal y con las que no había llegado a hacer, precisamente, por ese miedo. Pensé: vaya chasco se llevaría la niña del chándal de táctel fucsia si cruzara conmigo en el súper, vaya bajón le daría comprobar que su versión adulta tiene todavía más temores que ella. Entonces me dio la llorera, y no recuerdo haber llorado tanto con algo de ficción desde *Los puentes de Madison* (1995). Era una reacción totalmente desproporcionada y, vista desde fuera, no tenía ningún sentido.

—¿Pero por qué lloras? —me preguntó Carlo, que estaba sentado a mi lado mirando el móvil y había medio seguido el capítulo de reojo.

—No sé —le contesté secándome las lágrimas y los mocos con los puños del jersey.

No quería que los niños me vieran llorar, ¡y menos aún por una serie! Sus caras de tristeza las pocas veces que no he podido evitar llorar delante de ellos me han partido el alma.

—¿Pero qué te da tanta pena? ¿Que sea ella de mayor? Pero si lo has adivinado nada más empezar.

—Ya, no sé —le contesté.

No me veía con fuerzas para argumentarle por qué ese giro narrativo me había dejado así de hecha polvo.

—Pero no es muy de llorar, ¿no? Es bastante contenida. Es elegante —insistió.

—No sé, *me ha dado mucho miedo* que me pasara algo así.

Fue pronunciar la frase mágica, la maldita frase con la que llevo tantos años peleándome, y ver cómo Nico se giraba convertida repentinamente en una Meryl Streep de tres años. Puso encima de la cocinita de juguete la muñeca que estaba maquillando con un boli, se dirigió hacia mí y me echó una bronca que nos dejó locos a los tres, incluido su hermano, que nos miraba nerviosamente a ella y a mí intentando entender algo.

—A ver, mama, basta. ¡Ya está bien! No tienes que tener miedo. Ya eres mayor —me dijo con un movimiento de brazos extraordinario, reforzando sus palabras con las palmas de las manos y marcando las pausas con un chasquido precioso.

Se plantó en medio del salón, se echó el flequillo para atrás, se puso una mano en la cintura y, apuntándome con el dedo índice de la otra, prosiguió:

—Jo, mama, es que tú siempre tienes miedo. Tienes miedo todo el rato. ¡Y eso no puede ser! ¡Eso está muy mal! ¡No se puede tener miedo siempre! ¡Es un rollo! —me soltó.

190

Y esperó mi réplica con los brazos en jarras y los ojos muy abiertos. Las caras de los tres eran un poema, incluida la de Elliott, que no paraba de susurrar, con las manos estampadas en los mofletes: «¡Vaya bulla, mama! ¡Vaya bulla!».

—Nico, tienes razón, es verdad que no se puede tener miedo todo el rato. Ya no voy a tener miedo, en serio —atiné a contestar todavía en shock.

—Claro, mama.

—No me pasará más.

—Vale. ¿Hay galletas de choco?

—Sí, están en el armario de abajo.

Podría haberme dado por reír. Pese a lo que implicaba, la reprimenda de Nico había sido muy graciosa. Y podría haberme dado por seguir llorando. Pero supongo que esas dos posibilidades contrarias se anularon entre sí y me limité a observarla, en silencio y absolutamente embelesada, mientras caminaba por el pasillo en dirección a la cocina. Segundos después gritó:

—¡Mamaaaaaaaa! ¡Aquí no están!

Lo más fuerte de todo es que ese capítulo de *Tales from the Loop*, más allá de esa revelación (a gritos), va del temor a repetir los errores de los que nos preceden, de perpetuarlos —paradójicamente— al dedicarles tanto espacio en busca de la manera de esquivarlos. Loretta tiene que encontrarse con la niña que fue para descubrir que está repitiendo con su hijo lo que hizo su madre con ella: dejarla ir y refugiarse en otras cosas. No sabemos la razón de la huida de la madre de Loretta, pero la suya es, sin duda, el miedo a no estar preparada para ser mamá, el miedo atroz a fracasar por no saber hacerlo bien.

En otro momento, la bronca de Nico me habría dejado hundida. Habría seguido flagelándome por no saber disimular

191

mis temores. Pero no me dio la gana. Me quedé con lo bueno. Me quedé con lo espectacular. Y lo bueno y espectacular era que mi hija de tres años había cuestionado con una seguridad y una gracia increíbles la moraleja de ese capítulo de *Tales from the Loop*, mi convicción de que casi todos los miedos se heredan y mi obsesión, a veces contraproducente, por evitar que eso suceda. Se lo había ventilado todo a la vez.

Sigo creyendo que muchos miedos, demasiados, permanecen porque son estructurales, porque están tan asentados y equivocamente asumidos que es muy difícil acabar con ellos de un día para otro. Que otros miedos pasan de generación a generación sin que sepamos muy bien por qué. A veces nos enfrentamos a ellos y otras los aceptamos como una herencia con la que simplemente tenemos que aprender a vivir. Y que hay también nuevos miedos al acecho. Pero la reprimenda de Nico me hizo relativizar todo eso. Un año después de negarse a ir a la guardería porque le daba mucho miedo, tener miedo le parecía el peor plan del mundo. Pensé que era más valiente que yo de pequeña y más valiente que yo ahora. Pensé que, aunque eso no era mérito mío, igual había tenido algo que ver: me visualicé chocando los cinco en el súper con la niña del chándal fucsia. Y pensé que su generación y las que vendrán después iban a tener mucho menos miedo que la mía.

Por si algún día puede serle útil, seguiré completando y ampliando la lista de películas de terror que a mí me ayudan a gestionar los miedos, pero sospecho que recurrirá a ella más por diversión que por supervivencia. Y está bien. Y es lo mejor del mundo.

La vi volver de la cocina con el paquete de galletas Príncipe en la mano. Se acercó a mí y me dio un abrazo con trampa para deslizarse hacia el mejor sitio del sofá.

192

—Mama, eres muy guapa. Quita esa película y pon una de niños.

—¿Cuál pongo?

—La que tú quieras, una nueva que a ti te guste, ¡una de miedo!

Contar los miedos

Durante la promoción de *Reina del grito*, muchas lectoras y muchos lectores me compartieron sus miedos. Esos testimonios, sinceros y cercanos, fueron una de las cosas más reconfortantes de escribir el libro. Mis compañeros de Blackie Books y yo pensamos que podía ser interesante seguir la estela de esos testimonios mediante un pódcast. Así nació **Reinas del grito**, un pódcast en el que hablo sobre el miedo con mujeres por las que siento una profunda admiración. En los veinticuatro episodios que llevamos, mujeres de distintas disciplinas (escritoras, cineastas, cantautoras, artistas) me han compartido sus miedos, me han explicado cómo conviven con ellos (si es que los tienen) tanto a nivel personal como profesional. Comparto aquí algunos extractos de esas valiosas charlas que para mí han sido un aprendizaje.

¿Qué significa caminar hasta tu casa?
BELÉN FUNES, cineasta

Me interesa el miedo que se dispara en los momentos más cotidianos. Por ejemplo, cuando a una ya no le llega el dinero para el alquiler y eso hace que empiece a escuchar ruidos en la casa y a relacionarse con ese espacio a través del trauma. Es algo que me interesa mucho, esa especie de thriller que se construye con el material más cotidiano y que siento que puede ser un lugar hacia donde dirigir la mirada y reflexionar acerca del lugar que ocupamos como mujeres no solo en cuestiones sociales, sino en los trabajos, en las calles, en las ciudades. ¿Qué significa para nosotras coger un metro a las doce de la noche? ¿Qué significa caminar sola hasta tu casa? Las ciudades y nuestros entornos siguen siendo opacos y la oscuridad, aunque a veces imperceptible, sigue envolviéndolo todo.

Esa inquietud que te late dentro
Elisa Victoria, escritora

Siento que el mundo va a una velocidad diferente a la mía y voy siempre a trompicones, pero sigo corriendo. Lo hago aterrorizada, pero intentando adherirme. Y hay situaciones que me dan un terrible vértigo, como cuando pienso: «Tengo miedo, voy a sacar este libro»... pero se publica igual. La experiencia de algunos de mis personajes se parece mucho a la experiencia que yo tengo con la existencia, porque estoy aterrorizada prácticamente todo el tiempo.

Intento traducir las sensaciones que se pueden tener en la juventud, de inquietud o de observación de cosas que no te encajan, aunque no sepas exactamente por qué. Pero esa certeza ya ha empezado a latir dentro de nosotros, y la forma en que nos expresamos o incluso en que pensamos puede ser un poco más torpe. Pero pienso que esos caminos mentales ya están ahí, y que es posible también reconocer el instinto que cualquiera puede haber tenido a los nueve o a los veinte años y que tiene que ver con una cierta incomodidad que no sabes muy bien de dónde viene, o de observar cosas a tu alrededor que te generan muchas preguntas. Y quizá no le has hecho esa pregunta a nadie, pero a ti te late dentro, incluso si no le has puesto palabras: solo son emociones contradictorias que te atraviesan.

Transformar lo vulnerable en una bonita obra
Javiera Mena, cantautora

Mis canciones hablan de la vulnerabilidad. La vulnerabilidad tiene que ver con encontrarte solitaria en un lugar que no sabes bien cuál es y donde hay mucho miedo y tristeza. Creo que eso es una cosa terapéutica. Para mí, poder hacer una canción es ofrecer un momento de no saber qué va a pasar. Y eso es un poco el miedo, no tener el control de las emociones... No depende de una misma, sino que hay algo muy profundo. Quizás depende del resto, porque hay un miedo a qué te van a decir los demás. Pero en mi música hay una seguridad muy fuerte, en primer lugar por la propia música, que ni siquiera transmite ideas, sino algo muy profundo y espiritual. Pero también las letras han sido curativas respecto a rupturas o rechazos. Yo empecé a componer por mis primeros rechazos sentimentales. Esas cosas me dan mucha pena y agradezco poder transformar eso en una bonita obra, y que después la gente me diga: «Oye, esta canción me llegó». Para mí es como una terapia.

Miedo a quedarse en blanco
Judit Martín Dulcet, actriz de comedia

La clave de la improvisación teatral es el equipo. Nunca te vas a quedar sola. Sí que la puedes cagar, evidentemente, y la cagas mucho, sobre todo al principio. Pero siempre va a venir alguien a rescatarte. Es imposible que tres o cuatro personas se queden en blanco en escena; de hecho, lo que suele ocurrir es todo lo contrario: el miedo a quedarte en blanco te hace decir estupideces o soltar cosas que no ayudan a la historia ni a la impro. Y entonces hay demasiadas propuestas, cuando con una sola es mucho más sencillo.

Lo que más me interesa es el proceso creativo. Todo el rato hay ideas en construcción, y esas ideas se cogen y se olvidan. Me encantan las ideas, y especialmente las malas ideas, las cosas que se hacen mal, los fracasos.

La casa invadida

SARA MESA, escritora

En *Un amor*, la protagonista alquila una casita y su casero, que es una persona muy invasiva, entra incluso cuando está ella dentro. Es un miedo que siempre se me ha manifestado a través de sueños, que alguien entrara en mi casa e invadiera mi espacio. Yéndome un poco por el psicoanálisis, diría que hay un miedo a la violación, porque ahí entran en tu intimidad. Además, en los sueños se supone que la casa eres tú.

Este asunto de los límites de la privacidad y la intimidad, de cómo una persona consigue entrar en tu vida hasta el punto de modificar tus conductas y de hacer que te tengas que ocultar o que tengas que fingir... Eso es un tema recurrente mío y es lo que realmente me da miedo: todo lo que conlleva una pérdida de libertad con las personas que te rodean (y que muchas veces, teóricamente, son quienes te quieren).

La norma es el cuerpo enfermo

MARIANA ENRIQUEZ, escritora

No tengo miedo a levantarme de noche o a echar a andar por una calle oscura, más bien todo lo contrario. Me dan bastante miedo las cuestiones relacionadas con el cuerpo: enfermarme, perder la memoria, tener un accidente... No solo respecto a mí, sino a gente cercana. Existe la frontera de la casa (tan común en escritoras góticas) y la frontera del cuerpo. Siempre te dicen que es difícil escribir sobre sexo, pero para mí es más difícil escribir sobre la enfermedad. Si ves los libros sobre el tema, muchos son en primera persona, pero en la ficción aparece más bien poco la enfermedad. En muchos casos se asocia la deformidad física con la maldad, y a mí me interesa explorar todo eso. La coja es mala, el tuerto es malo... Incluso en *El Rey León*, Scar tiene una marca en el cuerpo que indica que es el malo, y el otro no tiene nada. Y esa es una carga moral totalmente estigmatizante. A mí algunas cosas de la hipercorrección me molestan, pero esa no, porque es realmente así. Me parece que se ha usado el cuerpo enfermo y el cuerpo diferente para el estigma, y además de una manera muy silenciosa. Lo asumimos como algo normal en la ficción, pero tenemos que entender que el cuerpo que no está marcado de alguna manera por algo es la excepción, no la norma. La norma es el cuerpo enfermo.

El misterio de la no pregunta

CLAUDIA LLOSA, cineasta

Si le pregunto a un niño: «¿Tienes miedo por esto?», siento que quizás se lo voy a meter en la cabeza, le voy a insertar un *inception*. Pero es todo lo contrario: la pregunta de «¿Tienes miedo a tu profesor?» no hace que le tenga miedo al profesor, sino que le ayuda desactivar ese miedo inmediatamente. Va a decir: «Ay, mamá, qué estás diciendo». No hay nada que calme más la ansiedad a un nene que la mamá pueda encontrar esa angustia. Pero si uno no pregunta, es difícil de localizar. La pregunta es muy importante, y le tememos tanto a preguntar «¿Pasó algo?» porque le tenemos miedo a la respuesta. Nos da terror. Por eso nos interesa tanto el misterio, porque hemos sostenido años y existencias y generaciones en solamente esa sensación de no obtener la respuesta. De ahí viene el realismo mágico de alguna manera, de esa «no pregunta», por miedo. Ahí es cuando empiezan a surgir diferentes interpretaciones.

El hombre valiente, la mujer patética
GUADALUPE NETTEL, escritora

El arte es una válvula de escape con la que podemos transformar todo lo que nos atormenta en algo conmovedor o sobrecogedor. Pero pienso en lo que dice Lina Meruane en *Zona ciega*. Habla de cómo en una conferencia, Borges dice: «Los hombres de mi familia que han superado la ceguera son valientes». Pero al mismo tiempo él menciona ese miedo a resultar patético si habla en primera persona. Durante muchísimos años el hecho de que un hombre hablara de su sufrimiento, de su ceguera, de su enfermedad, era considerado valiente, mientras que si una mujer hablaba del sufrimiento de su cuerpo y de sus enfermedades era algo patético. Y a nadie le interesaba hasta hace muy poco.

Una mujer intelectual y artista debía demostrar que tenía inteligencia, cerebro y erudición, todas las cualidades que le iban a permitir entrar a ese mundo. Pero si se centraba en su cuerpo, en sus dolencias, enfermedades... entonces estaba confirmando que era una ñoña, una frágil. El hecho de decir: «Voy a hablar de mis dolencias, de mi cuerpo, elijo centrarme en eso» fue postura muy radical en los años sesenta. Cuando lo hacía Annie Ernaux era inmolarse, y me alegra muchísimo que ahora, gracias a todo este conjunto de mujeres que han estado escribiendo desde ahí, se pueda recuperar.

Cuidado con lo que deseas

LAURA FERNÁNDEZ, escritora

El miedo tiene algo que te devuelve a la niñez todo el rato, porque te devuelve a un lugar en el que no controlas el relato, y eso es liberador. Estar dentro de una película o un libro de terror es adictivo y tiene que ver con eso, con el disfrute, porque estás en un lugar seguro, en la cama, leyendo, y sabes que no te va a pasar nada. Estás viviendo una situación que no controlas, pero liberada por completo de cualquier tipo de peso.

Stephen King es el escritor que más he leído, con mucha diferencia. Encuentro en él toda esa pasión por la vida que intento también recuperar en mis libros. Y también por la infancia que resiste en todos nosotros. Yo creo que King siempre habla de niños grandes, y asocia mucho el terror con la infancia, pero es una infancia expandida toda la vida. Creo que la persona que vive creyendo en el terror vive mejor. Me gusta mucho la frase de «Cuidado con lo que deseas», porque yo creo que el terror siempre te está diciendo eso, te habla de las consecuencias. La ficción de terror es una guía de vida, porque te está diciendo cuál es el acto y cuáles pueden ser las consecuencias, para que te prepares: desde caminar sola, desde hacer o desear determinadas cosas... Te avisa, como un piloto rojo.

El miedo como motor

Bárbara Lennie, actriz

El miedo me parece un motor. Yo en el escenario casi siempre tengo miedo antes de salir, tengo miedo antes de rodar una película, tengo miedos que son abstractos y miedos que son concretos. Los miedos abstractos tienen que ver con ser capaz, poder estar, poder sobrevivir... Y como vivo esta profesión como un acto de entrega bastante importante, tampoco salgo ilesa. Los miedos concretos tienen que ver con la memoria, con lo físico, con la enfermedad. Me da miedo perder esa capacidad tan importante que es la memoria, o la capacidad de imaginar y evocar.

Me parecería muy raro trabajar sin cierto miedo, pero lo difícil es encontrar la distancia adecuada (como la canción de Christina Rosenvinge). Saber cuándo te sirve y cuándo empiezas a neurotizarte de más y dices: «Esto no me está sirviendo, sino que me está haciendo daño». En una profesión artística todo el tiempo hay que manejar esas dos fuerzas, porque juegas con cosas que tienen que ver con lo sensible, con la psique y con la emoción, mezclado con tu propio cuerpo; entonces es todo muy frágil.

Liderar con la duda en la mano

Carla Simón, cineasta

Como cineasta tengo miedo a ser explícita, así que eso lo trabajo mucho para que no pase e intentar contar las cosas desde un sitio donde la gente que lo está mirando pueda atar cabos. Y a la hora de dirigir, los equipos están acostumbrados a una manera en la que las cosas están «claras», que creo que es muy masculina, pero eso no significa que estén claras, sino que hacen ver que lo están. Para mí eso es un teatro absurdísimo. Yo, cuando estoy dirigiendo, si tengo dudas las expreso, y si hay que parar un momento y discutir, preguntar, pensar y decir: «No pongas la luz ahí porque no lo sé», lo hago. De repente te das cuenta de que no hay una «cultura de la duda». Pero tienes dudas a veces, porque tienes miedo de que las cosas no salgan bien en un rodaje, o de que no estés explorando lo mejor de esta situación. Y liderar con la duda en la mano es algo a lo que los equipos no están acostumbrados. Creo que las mujeres lo estamos introduciendo, aunque no creo que sea solo una cuestión de hombres o mujeres, sino que a los hombres no se les ha permitido nunca poder liderar así. Y tal vez al empezar a mostrárselo nosotras, lo podrán hacer también. Como seguramente también hay mujeres que necesitan liderar más desde la posición de «yo tengo las cosas claras y, si no, me lo invento y para adelante».

El humor, el mejor antídoto del miedo

PILAR PEDRAZA, escritora

Si me dedico en gran parte al cine de terror y a la literatura fantástica y de terror es porque me encuentro en un territorio que me resulta grato. No veo que las obras en las que me meto me puedan producir miedo, todo lo contrario, el humor es el mejor antídoto del miedo, y yo lo utilizo abundantemente en la vida privada, en la pública y en la literatura, cada vez más. Además, soy una mujer de frontera. Me gustan las fronteras entre lo animal y lo humano, lo masculino y lo femenino, la vida y la muerte, lo monstruoso y lo normal. Me gusta estar en la frontera y ver los paisajes que tengo a un lado y a otro.

Cambiar los miedos

CHRISTINA ROSENVINGE, cantautora

De pequeña me daban mucho miedo las películas de terror, los zombis, las momias, las arenas movedizas, que son una especie de «miedo vintage»... Y después de tener hijos, cambié unos miedos por otros: tengo miedo a que les pasen cosas malas a mis seres queridos. No tanto a mí, porque soy muy desprendida y tengo poco sentido del riesgo, sino a mis hijos o a mi madre. Cuando dejas de ser una adolescente y empiezas a ser tú la protectora de otras personas, ahí es cuando empieza ese terror a que les pase algo. Somatizo todo lo que les pasa a las personas a las que quiero. Por ejemplo, han operado a mi madre de una pierna y yo he estado cojeando una semana.

La creación para superar el miedo

CARLOTA PEREDA, cineasta

Primero tuve miedo a la oscuridad y al diablo, porque iba a un colegio de monjas. Luego me echaron y pasé a tenerle mucho miedo a la tercera guerra mundial, porque entré en un colegio en el que nos hablaban mucho de la OTAN, y cuando pasaba un avión me echaba a temblar. Cuando empecé a escribir, una vez tuve una pesadilla sobre lo que sucedería si viviéramos bajo tierra, porque era la época en la que estaba la película sobre los efectos de la bomba nuclear, *Cuando el viento sopla*. Y al levantarme escribí esa pesadilla, un relato de la vida en el subsuelo posapocalíptico nuclear. Y se me quitó el miedo. Creo que siempre he gestionado el miedo a través de la creación.

La letanía de las brujas

ELENA LÓPEZ RIERA, cineasta

Cuando creces en una estructura que no te da la solución a los problemas, tienes que acudir a saberes no reglados (por la ciencia). Me interesa la historia de las brujas, no tanto la dimensión fantástico-mística, sino el elemento político. Eran proscritas porque eran independientes y se podían pagar las facturas ellas solas. Teníamos que encontrar otras maneras de ejercer esa línea subterránea y eso suponía tener que pasar muchas veces por la elaboración de otros relatos. Por eso me interesa tanto la repetición, porque creo que en la cultura popular hay algo de la repetición de los gestos que es muy misterioso. Creo que hay algo místico que va subterráneamente recorriendo las generaciones.

Y hay algo en la repetición y las voces que me obsesiona muchísimo, que se hace en la música o la poesía, pero que en el cine está muy penado, al igual que la voz en off. La voz tiene matices y rugosidades. Y tiene mucho que ver con los saberes no reglados: la voz es un conjuro, la repetición es un conjuro, las letanías son conjuros. Y también significa que tu voz se diluye en una voz colectiva. Por eso es importante, porque dejas de existir como individual y te conviertes en la voz de muchas más.

El terror y la maravilla

SELVA ALMADA, escritora

Cuando era pequeña jugaba a pescar arañas muy grandes y peludas, que no eran venenosas, pero sí muy impresionantes. Y vivían en la tierra. Con mi primo y mi hermano las pescábamos: atabas un pedacito de jabón a un hilo y lo metías en la cueva de la araña, y cuando la araña mordía el jabón empezaba la pesca, y tirabas del hilo para sacarla de la cueva. Después de un tiempo agachados esperando a que saliera la araña, cuando mordía el jabón y la veíamos emerger con las patas negras y peludas, yo sentía una mezcla de terror y de fascinación. Y para mí la escritura sigue siendo eso: el terror y la maravilla. Las ganas de quedarme y las ganas de salir corriendo y dejarlo todo. Algo que empieza a emerger y que no sabes qué es. Todo el proceso de escribir un libro es maravilloso, justamente por cómo se va revelando ese universo a medida que vas escribiendo.

Redirigir el fuego creativo
Bruna Cusí, actriz

Después de una época sin trabajar me di cuenta de que mi vida dependía de decisiones externas, y que, como actriz, cuando te haces mayor hay menos trabajo. Y para mí la forma de vencer este dolor o este miedo al vacío ha sido viajar mucho y volver a conectar con cosas de mi vida. Los parones van bien para volverte a enriquecer, vivir otras cosas, darte cuenta de que este oficio está muy bien pero que no es lo único. Para mí es mucho más importante vivir que mi trabajo. Y también me he puesto a crear yo misma proyectos, y lo recomiendo al cien por cien. Hay que ser actrices creadoras, no hay que esperar nunca la decisión de otra persona. Si tú tienes el motor, tienes que ponerte a escribir, pintar o lo que sea. Que el fuego creativo (porque las actrices somos creativas) vaya por algún lado. Haz algo con esa creatividad que en ese momento está estancada. Porque cuando se estanca, genera mucho desasosiego e incertidumbre económica, pero también mucha frustración creativa. Y eso hay que vehicularlo de alguna forma, y mi forma ha sido decidir empezar a hacer mis propios proyectos.

206

El miedo al deseo

ELENA MARTÍN GIMENO, cineasta

El deseo es una energía que va de dentro afuera, siempre está buscando un retorno de alguna forma, y hay un impulso de compartirlo con otros cuerpos. Para nosotras [Clara Roquet, coguionista de *Creatura*, y ella] era muy importante que todos los personajes de *Creatura* estuvieran atravesados por sus propias heridas, porque al final son esos puntos de vista (también sesgados por su propia experiencia y educación) los que van contribuyendo al malentendido global. Ese silencio, esos tabús se van transmitiendo de personaje a personaje. Y para el personaje del padre pensamos mucho: ¿Qué le pasa? ¿Es miedo? ¿Es territorio? ¿Qué es lo que le pasa a un padre que sufre cuando su hija empieza a mostrar signos de deseo? Hay una parte muy grande que es el miedo a uno mismo, por esta idea tan repetida de que el hombre es un monstruo por naturaleza, que tiene un impulso perverso, que los hombres son animales y que su deseo va por delante de todo. Y se asume como algo natural y no cultural. Y de repente hay un padre que tiene miedo de hacerle daño a su propia hija, y en lugar de trabajarse eso en sí mismo, simplemente hay una negación y una prohibición de que ningún tipo de energía se mueva en esta dirección. Y hay un miedo a hablar de ello.

El tabú de la madre enferma

MICHELLE GARZA CERVERA, cineasta

Yo de niña generé mucho miedo a los campamentos, porque había que ir al bosque a hacer pipí y pasaban cosas, aparecía algún señor... Cosas que ahora pueden ser muy turbias. Y generé muchos miedos a salir al bosque en la noche. Yo creo que

207

por eso he metido muchos bosques en mis cortometrajes. Pero a la vez me encantaba y me producía cierta adicción, y con mis amigas grababa historias de horror con efectos de sonido sobre cosas terribles o niñas desaparecidas en el bosque mientras estaban de campamento.

Además, mis padres estuvieron enfermos desde que yo estaba muy chiquita, sobre todo mi mamá, que tuvo mal de Parkinson. Crecí con mucho miedo al respecto de la muerte de mis padres, y pasé mucho tiempo en hospitales públicos. Y ahora también me doy cuenta de que yo tengo una cosa con el horror médico y corporal, con la pérdida del control del cuerpo. Hay algo muy tabú en tener una madre enferma. Parecía que eso del cuerpo tenía que quedarse en casa y recuerdo sentir mucha vergüenza, por eso no sorprende que el horror aborde estos temas.

La vergüenza está hecha de miedo

Eider Rodríguez, escritora

La vergüenza puede ser un motor de escritura y también algo paralizador. La vergüenza se compone también de miedo, te da miedo que el resto se entere. A veces me dicen: «Qué valiente», por haber escrito el libro. Pero yo siento lo contrario: he podido ser valiente porque he estado muy avergonzada y la vergüenza es puro miedo.

También hay miedo al silencio como esa especie de secreto que no puedes descifrar. Muchas veces lo que nos lleva a escribir es ese silencio, ese no poder decir, ese miedo a poner en palabras algo que no sabes muy bien qué es. Eso es una cantera muy grande para quien escribe. Produce una tensión, y a la hora de escribir eso significa que hay unas ganas de seguir adelante. La literatura y la escritura tienen que ser peligrosas, para quien escribe y para quien lee, porque si no te toca, si no te lastima, si no te mueve de donde estás, ¿para qué escribir?

La bestia que llevo dentro
ISABEL COIXET, cineasta

A mí no me daba miedo ser directora, lo que me daba miedo era no hacer cine. No llegar a todas esas cosas que quiero contar y que merecen la pena ser contadas. Y también me da miedo que me salga la bestia que llevo dentro. Porque el tamiz por el que pasan las ideas o emociones a veces lo tengo que sujetar, porque hay muchas cosas que me molestan, hay muchas cosas que veo impostadas y que no puedo soportar. Por ejemplo, no puedo soportar la prepotencia ni la hipocresía flagrante.

Hambre y miedo
ELAINE VILAR MADRUGA, escritora

Yo soy el depositario de los miedos de varias generaciones de mi familia. Además, soy hija única y nieta única, una niña muy querida, y siempre me trataron como la niña de cristal. Había este miedo raigal a la muerte temprana de los niños, a los accidentes... Yo de niña veía en cada lugar un peligro de muerte potencial. Y todo eso en un plano simbólico va permeando en tu mente y llega hasta esta instancia donde el miedo una lo transforma o lo utiliza como una herramienta de conexión con la creación y con otros mundos de historias. Y en mi familia también hay un miedo al hambre, porque mi bisabuela fue una niña que vivió la reconcentración de Weyler en Cuba durante la última guerra de independencia, sufrió mucha hambre y sus hermanos murieron como resultado de esa guerra. Fue la única niña de su familia sobreviviente. Y el tema de la alimentación, el miedo al hambre, a no poder proveer a la familia (que de alguna forma también se conecta con *El cielo de la selva)* va caminando como una corriente que hasta el día de hoy atraviesa mi obra. Y como vivo también en Cuba, un país con muchas particularidades y muchos miedos en el plano político, económico, social y antropológico, esos daños van marcando a una nación y a sus habitantes.

¿Qué pasará con tu cuerpo?
Mariana Enriquez, escritora

Creo que los miedos del cuerpo vienen con la edad, un miedo real al deterioro del cuerpo y a no reconocerlo. Lo que empezás a sentir por dentro y los cambios dan una gran conciencia de finitud palpable. Son como signos de alarma cuando el cuerpo te dice: «Dejé de producir esta hormona porque ya no la necesitas».

También me da miedo que el cuerpo humano quede obsoleto por las tecnologías. Me da miedo la obsolescencia de lo orgánico, y cierto uso de la tecnología o la IA sin pensar en esa dimensión. Estamos en un mundo capitalista, si no trabajas y produces dinero, ¿qué vas a hacer? Y eso se mezcla un poco con el cuerpo. Si tu cuerpo ya no sirve para ciertas cosas, si es obsoleto, ¿qué va a pasar con tu cuerpo? ¿Lo van a tirar como tiramos un ordenador que no funciona?

El cuerpo es lo que más conocés y lo que más ocultás. Y lo más vulnerable. Si tu cuerpo se rompe, se rompe tu yo. Estamos acá, en esta realidad, y si esto se rompe por algún motivo (por ejemplo, veinte señores caminando por el techo) empieza el relato de terror. Y el terror se termina cuando no hay lenguaje para contar esa realidad. Ahora está pasando eso, no solamente por las *fake news* y la IA, es que realmente no sabes dónde está la realidad. Tenemos dificultad para nombrar lo real. Y el cuerpo es real, lo único sobre lo que puedes decir: «Esto es mío, esto duele, esto es real, esto pasa, esto está aquí».

Agradecimientos

A Elliott y a Nico.

A Carlo Padial y a Miqui Otero: sin vosotros este libro no existiría. Gracias por estar cerca, intuir mis ganas de escribir otras cosas y animarme a hacerlo sin dudar de que sería capaz.

Gracias a Blackie Books. A Jan Martí, por confiar en mí. A Alice Incontrada: no te imaginas lo importante que fue para mí recibir aquel WhatsApp. Y, sobre todo, a Rebeca González, mi editora. Gracias infinitas por tu paciencia, tu comprensión, tus sugerencias y el cariño con el que has tratado este libro desde el primer día. Eres la mejor.

A Jota y a Rocío por dejarme su oficina. Y a Ibán por abrirme la puerta cada vez que olvidaba las llaves, y por las conversaciones sobre literatura en las pausas.

A Quim Casas, mis compañeros de *Marea Nocturna*, Noel Ceballos, Beatriz Martínez, Daniel Noah, Berto Romero, Anna Bogutskaya, Mateo Sancho, Leticia Blanco, Mariana Enríquez, José Tito y Mike Hostench.

Y gracias al festival de Sitges.